Knaur

INGRID GOTTSTEIN

GLÜCKWUNSCHVERSE ZU ALLEN ANLÄSSEN

Knaur

INGRID GOTTSTEIN

GLÜCKWUNSCHVERSE ZU ALLEN ANLÄSSEN

GEDICHTE, SMS UND E-MAILS

www.droemer-knaur.de

IMPRESSUM

Bibliografische Information Der Deutschen Bibliothek
Die Deutsche Bibliothek verzeichnet diese Publikation in der Deutschen Nationalbibliografie; detaillierte bibliografische Daten sind im Internet über **http://dnb.ddb.de** abrufbar.

Umschlagkonzeption: ZERO Werbeagentur, München
Umschlaglayout und -herstellung: Daniela Meyer
Umschlagfoto: archiv-berlin

Projektleitung: Annett Wagner
Illustrationen: Till Winkler, Augsburg
Lektorat: redaktionsbüro drajabs, Berlin
Satz und Layout: Diamond Graphics, Augsburg
Herstellung: Hartmut Czauderna
Druck und Bindung: Offizin Andersen Nexö Leipzig GmbH

ISBN 3-426-64117-8
Printed in Germany

Bitte besuchen Sie uns im Internet:
www.droemer-knaur.de

INHALT

LIEBE KINDER...

ENDLICH ERWACHSEN!

DIE BESTEN WÜNSCHE ZUM GEBURTSTAG

GEBURTSTAG EINMAL ANDERS

MENSCHEN IN UNSERER NÄHE

LIEBE IST DAS ALLERSCHÖNSTE

IM SCHOSS DER FAMILIE

VORWORT

Die heutige Zeit ist geprägt von raschen technischen und gesellschaftlichen Veränderungen. Hektik und Stress bestimmen immer mehr unseren Alltag. Auf all das hat jeder Einzelne wenig Einfluss. Aber was wir selber bestimmen können, ist der Umgang miteinander.

Ein einfaches freundliches »Danke« oder »Bitte«, der kleine Satz »Das sieht aber schön aus« oder »Das ist aber gut gelungen« zaubert ein Lächeln hervor, wärmt von innen, gibt Zufriedenheit und hält lange an.

Genauso wirkt ein persönliches Gedicht, eine liebevolle SMS, ein überraschend erhaltenes E-Mail oder eine kurze Anzeige in der Tageszeitung.

In einer Zeit, in der viele alltägliche Wünsche erfüllt sind, setzen solche Worte ein Zeichen, dass jemand an andere Menschen denkt und sich Mühe für sie gibt. Sie machen damit ein wirklich wertvolles Geschenk.

Viele Gedichte und Verse in diesem Buch sollen Geschenke begleiten. Sie werden sehen: Der Beschenkte freut sich besonders, und der Wert Ihrer Gabe wird erhöht. Ich mache Ihnen auch etliche Vorschläge für Scherzgeschenke, bei denen Text und Gabe eine witzige Einheit bilden. Ihr Vortrag wird zum lustigen Höhepunkt der Feier. Auch wenn Sie eine Grußkarte versenden oder eine Anzeige in die Zeitung setzen möchten, können Sie unter vielen Texten wählen.

Etwas Besonderes sind meine zahlreichen Vorschläge für die neuen Medien. Die herkömmlichen Glückwunschtexte sind meistens zu lang und zu schwerfällig, um in E-Mails oder als SMS verschickt zu werden. Ich habe mich bemüht, diese Lücke mit vielen deutschen und einigen englischen Texten zu füllen.

Viel Spaß beim Stöbern und Lesen und viel Erfolg beim Abändern der Vorlagen für Ihren ganz persönlichen Anlass
wünscht Ihnen

Ingrid Gottstein

Heute glänzt das ganze Haus:

Fünf wird unsre kleine Maus!

Wir alle wollen an dich denken

und dich gern und reich beschenken.

GRÜSSE ZUR GEBURT UND TAUFE

Liebe Worte

mit einem Geschenk

Es ist noch gar nicht lange her,
da lagst du im Bauch deiner Mutter sehr schwer.
Kaum warst du auf die Welt gekommen,
hast du deinen Eltern den Schlaf genommen.
Wir können uns die Welt ohne dich nicht mehr denken,
drum wollen wir dieses Präsent dir schenken.

Zum ersten Geburtstag

Hallo, Marc, du kleiner Mann,
heute steht dein erster Geburtstag an.
Vor einem Jahr hast du das Licht der Welt erblickt,
bist immer lachend, futternd und vergnügt.
Wir können heut' leider nicht bei dir sein,
doch von ferne zieh'n uns're Gedanken heim.
Die besten Wünsche senden wir dir,
wenn wir wieder zurück sind, feiern wir.

Kartengrüße

Das Leben ändert sich nun,
ihr habt alle Hände voll zu tun.
Kurz sind eure Nächte ab heut',
der kleine Jan bestimmt die Zeit.

* * *

Ab heute seid ihr zu dritt,
und die kleine Jana hält euch fit.
Kurz werden ab heut' eure Nächte sein,
stellt euch am besten gleich darauf ein.

* * *

Ab heut' fängt ein neues Leben an.
Baby Boris bestimmt, was gemacht werden kann.
Wir gratulieren zum kleinen Sonnenschein,
ihr könnt wirklich stolz auf ihn sein.

* * *

Ein neues Leben, welch ein Glück,
welch ein Wunder, welch ein Geschick!
Zwei Teile, mikroskopisch klein,
sollen die Ursache dafür sein?
Pflegt und hegt dieses Wunder gut,
damit es ordentlich wachsen tut.

VERSE ZUM SCHULANFANG

Schulutensilien

Stifte, Hefte und auch Füller
sind ab heute deine Knüller.
Lesen lernen und auch schreiben
wirst von nun an du betreiben.
Für die Schule schenken wir nützliche Sachen –
du wirst schon das Richtige damit machen.

Was für ein Tag

Der lang ersehnte Tag ist endlich da,
es freuen sich mit dein Papa und Mama
und hoffen, die Schule wird Freude machen,
denn du lernst viele nützliche Sachen.

Die Schultüte

Stifte komm'n in die Tüte rein,
damit du lernst das Schreiben fein.
Radiergummi und Lineal dürf'n nicht fehlen,
dein Name am Ranzen gegen das Stehlen.
Hefte und Bücher kommen dazu,
dann lernst du Lesen und Schreiben im Nu.
Auch Süßigkeiten sollen hinein –
du hast still gesessen ja brav und fein!
So bist du für die Schule fit,
wir wünschen Spaß und freu'n uns mit.

GLÜCKWUNSCH ZUM KINDERGEBURTSTAG

Feiern ohne Großeltern

mit einem Geschenk per Post

Oma und Opa grüßen von ferne,
wir haben dich so furchtbar gerne.
Wie gern würden wir heut' bei dir sein,
bei unserem geliebten Enkelein.
Wir schicken dir zum Geburtstag konkret
alles Liebe, Gute und auch ein Paket.

Die Comic-Lieblinge gratulieren

Heute ist hier jedem klar,
unser Lucas wird 8 Jahr'.
Das Helferlein und Daniel Düsentrieb,
alle hab'n dich furchtbar lieb.
Die schöne Daisy und Mickymaus
senden dir einen großen Applaus.
Donald Duck mit seinen Neffen
würden sich gerne mit dir treffen.
Dagobert Duck, der alte Kracker,
und sogar die Panzerknacker,
A- und B-Hörnchen, die beiden,
alle können dich gut leiden.
Die ganze Entenhausener Schar
gratuliert dir, kleiner Jubilar.
Ihnen zu Gedenken,
woll'n wir dir das hier schenken.

Für ein liebes Mädchen

Liebe Leute, hört mal her,
heute freuen wir uns sehr.
Die Annika ihren 9. Geburtstag begeht,
wie groß sie schon ist - ihr alle seht.
In der Schule ist sie große Klasse
und hebt sich leuchtend aus der Masse.
Lieb ist sie und hilfsbereit,
sodass sich jeder an ihr freut.
Ihr Zimmer hält sie prima sauber,
hilft Mutter auch mit dem Staubsauger.
Doch heute an ihrem großen Tag
darf sie machen, was immer sie mag.
Es gratulieren dir Onkels und Tanten
und alle anderen Verwandten.

Geburtstagswünsche für einen Teenager

Conny, du weißt doch, dass
du morgen mal wieder Geburtstag hast?
»Schon wieder?«, schreist du ganz entsetzt.
»Wie ist das Jahr hinweggehetzt?«
Na ja, du weißt, die Zeit rast immer.
Jetzt ist's noch gut, doch kommt's bald schlimmer.
Nicht traurig sein, 's geht uns auch so.
Du bist noch jung, drum sei doch froh.
Guck dir mal deine Freunde an
und frag dich: »Sind die besser dran?«
Trink beseelt 'nen Wein mit Selter,
und denk dabei: »Die sind viel älter.«
Das war'n sie letztes Jahr schon, drum
sind sie es dies Jahr wiederum.
Uns macht das nichts, ob jung, ob alt,
uns lässt das Zeitvergehen kalt,
so lang wir feiern könn'n mit dir!
Und gerade deshalb sind wir hier.
Nun trinken wir auf dein spezielles Wohl,
hoch sollst du leben – mit und ohne Alkohol.

KARTENWÜNSCHE ZUM KINDERGEBURTSTAG

Für unseren Liebling

Unser kleines Schneckchen wird jetzt drei,
ach, wie schnell ging die Zeit vorbei.
Wir freuen uns so, dass wir dich haben
und schenken dir viele schöne Gaben.

Aus der Ferne

mit einem Geschenk per Post

Fünf Jahre alt wirst du kleiner Wicht,
aber vergessen haben wir dich nicht.
Leider können wir heute nicht bei dir sein,
deshalb schicken wir dir ein Geschenk – klein und fein.

Ein entscheidender Tag

Bunt geschmückt ist unser Haus,
denn Geburtstag hat unsere Maus.
Heute wirst du sechs Jahre alt
und kommst somit in die Schule bald.
Für heute und für alle Zeit
wünschen wir Glück und Zufriedenheit.

Wie schnell die Zeit vergeht

Vor kurzem warst du noch ganz klein,
du kannst doch nicht schon acht Jahre alt sein!
Die Zeit vergeht schnell wie der Wind,
ich wünsche dir alles Liebe, mein Kind.

Was wäre die Welt ohne dich?

mit einem Geschenk

Mit neun Jahren sind die Wünsche noch klein,
sie passen in einen Karton gut rein.
Mit meinem Geschenk zu deinem Ehrentag
will ich dir sagen, wie sehr ich dich mag.

Unserem Sonnenschein

Hurra, hurra, die Sonne scheint,
weil sie's gut mit unserer Sandra meint.
Wir gratulieren dir heute ganz toll,
denn du machst das zehnte Lebensjahr voll.

Ein langes Leben

Zu deinem zwölften Geburtstag wünschen wir dir,
dass es dir gut geht - und ein Elixier,
damit du immer so fröhlich und glücklich bist
und über 100 Jahre alt wirst.

Für unseren Wilden

Unser Benny wird heute dreizehn Jahr',
der freche, coole, wilde Husar.
Bleibe so taff und solch ein Wirbelwind,
damit alle Tage nur Freude für dich sind.

Für die besonderen Wünsche

mit einem Geldgeschenk

Wir feiern ganz groß, ihr lieben Leute,
denn Christian wird vierzehn Jahre heute.
Du hast bestimmt Wünsche: große und kleine,
deshalb schenken wir dir ein paar Scheine.

GEDICHTE ZU KOMMUNION UND KONFIRMATION

Gott sei dein Hirte

Glaube fest an Gott den Herrn,
glaube an sein Walten!
Niemals ist es unmodern,
sich an Gott zu halten.
Sei getrost: An Gottes Hand
hast du immer festen Stand.

Ein entscheidender Tag

Die Glocken klingen hell und klar,
da du heut' trittst vor den Altar
zur weihevollen Feier.
Vorbei ist nun die Kindeszeit,
das Leben vor dir decket weit
der Zukunft dunkler Schleier.

O möchte deines Lebens Bahn
dich führen allezeit hinan
zu Höhen reinster Freude!
Not soll dich drücken nimmermehr!
Mögst du von jeglicher Beschwer
frei sein und allem Leide!

Dass so dein Leben, glückerfüllt,
dein Hoffen all' und Wünschen stillt,
dir fern hält alle Schmerzen,
dass dich erfreue alle Zeit
das höchste Gut: Zufriedenheit –
das wünsch' ich heut' von Herzen!

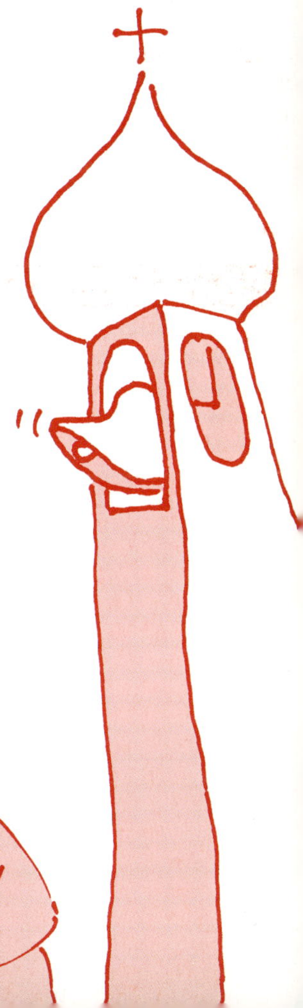

Die wahren Werte

Einen großen Schritt begehst du heute,
in deinem Herzen ist viel Freude.
Ein Fest feiern wir zu deinen Ehren,
möge es deinen Geist und Geldbeutel mehren.
Doch Geld ist nicht alles, das wirst du erfahren.
Tu immer dein Bestes, dein Gewissen zu wahren.

Ein Tag zum Jubeln

Engel jubeln, Chöre singen,
vom Kirchturm her die Glocken klingen.
Ein Freudenfest heut' feiern wir,
zur Konfirmation gratulieren wir dir.

Wie ein Ruf aus Donnerhall
schallt es um den Erdenball:
Die Moni darf ab heute wählen,
da ihre Jahre 18 zählen.

HERZLICHEN GLÜCKWUNSCH ZUM 18. GEBURTSTAG

Wie die Zeit vergeht

mit einem Album

Als Baby warst du sehr lieb,
doch dies nicht immer ganz so blieb.

Babyfoto

Am ersten Geburtstag konntest du krabbeln
und schon ein paar Worte babbeln.

Kindergartenbild

Am zweiten Geburtstag konntest du bereits gehen
und ließest alles hinter dir stehen.
Am dritten Geburtstag kam der Kindergarten,
das konntest du kaum noch erwarten.

Kinderzeichnung

Am vierten Geburtstag konntest du schon malen:
Blumen, Bäume und ein paar Zahlen,
am fünften Geburtstag deinen Namen schreiben,
aber das sollte nicht das Einzige bleiben.

Kind mit Schultüte

Am sechsten Geburtstag war es so weit,
du warst jetzt für die Schule bereit.
Am siebten Geburtstag trugst du stolz deinen Ranzen
und durftest nicht mehr die Schule schwanzen.

Diktat

Am achten Geburtstag konntest du Bücher lesen,
und manchmal warst du ein richtiger Besen.
Am neunten Geburtstag gingst zur Schule du (un)gern,
deshalb bliebst du ihr auch (nicht) lange fern.

Klassenfoto

An deinem zehnten Geburtstag warst du sehr heiter,
denn es ging nun auf einer anderen Schule weiter.
An deinem elften Geburtstag hattest du keine Lust,
alles war nur noch Frust.

Kind mit Freunden

Am zwölften Geburtstag begannen Pickel zu sprießen,
und du warst zeitweise nicht zu genießen.
Am 13. waren nur deine Freunde noch wichtig,
und in der Schule lief nicht alles ganz richtig.

Porträtfoto

An deinem 14. Geburtstag war eine Freundin in Sicht,
und in der Schule lief nichts, da war Schicht.
An deinem 15. Geburtstag kam der Ernst des Lebens,
und du sahst: Das Lernen war nicht vergebens.

Klassenfahrt oder Party

An deinem 16. Geburtstag hast du Alkohol getrunken,
das hat mir schon etwas gestunken.
An deinem 17. Geburtstag fiel das Warten dir schwer,
es musste doch endlich der Führerschein her.

Kind mit Eltern

Nun bist du 18 Jahre alt.
Dein Elternhaus verlässt du bald.
Ob du nun hier bist, da oder dort,
aus unseren Herzen bist du nie fort.

Und ist es dir einmal im Leben schwer,
komm einfach zu deiner Familie her.
Wir wünschen dir Glück und Zufriedenheit,
doch auch Mitgefühl und Bescheidenheit.

Zum Abschluss Ihres Vortrags überreichen Sie das Album, dessen schönste Bilder aus den 18 Lebensjahren Ihres Kindes Sie als große Farbkopien zu den einzelnen Strophen gezeigt haben.

Endlich frei

Nun ist es auch bei dir so weit:
Herzlichen Glückwunsch zur Volljährigkeit!
Ab heute kannst du tun und machen
alle die ganz verrückten Sachen,
die dir das Gesetz und die Eltern nicht erlaubten,
weil sie dich noch zu jung dafür glaubten.
Doch so einfach, wie du denkst, ist das nicht,
es gibt neben der Kür auch die Pflicht.
Das heißt, die Verantwortung für dein Handeln
und Denken
kannst du nicht mehr auf die Eltern lenken.
Du wirst viele neue Wege gehen
und erst nach Jahren wirst du sehen:
Waren sie gut? Waren sie schlecht?
Ich hoffe, du kommst immer zurecht.
Wenn nicht, schaue trotzdem weiter voraus
und denke immer: Ich lerne daraus.
Möge das Glück stets bei dir sein,
dass Frieden und Liebe kehr'n gern bei dir ein.

KARTENGRÜSSE

Für den lang ersehnten Tag

mit einem Geldgeschenk

Heute ist dein großer Tag,
drum schenk' ich dir diesen Geldbetrag.
Kaufe dir mit diesem Schein
etwas Schönes für dich ein.

Kind für immer

Ein neuer Abschnitt in deinem Leben heut' beginnt
und trotzdem bleibst du immer unser Kind.
Wenn Sorgen oder Nöte dich mal quälen –
du kannst immer auf uns zählen.
Die Liebe, die dich stets umgeben,
begleite dich ein ganzes Leben.

ALLE WELT SOLL ES WISSEN – ES STEHT AUCH IN DER ZEITUNG

Freie Straßen! Die Kinder rein!
Ludwig hat seit heute den Führerschein.

* * *

18 Jahre wird Benny heute alt,
und er macht vor gar nichts Halt.
Den Führerschein hat er seit heute,
geht in Deckung, liebe Leute!

* * *

Jenny darf ab heute wählen
und sogar ein Auto quälen.
Sie kann selber unterschreiben
und die ganze Nacht wegbleiben.

* * *

Heute hast du die 18 erreicht,
hoffentlich auch die Pünktlichkeit.
Deine vielen Chauffeure brauchst du nicht mehr,
fährst ab jetzt fix selber umher.

* * *

Für die liebste Tochter der Welt
hab'n wir diese Geburtstagsgrüße bestellt!
Ab heute darfst du im Auto flitzen,
musst nicht mehr in vollen Bussen sitzen.

Heut' vor 18 Jahren
kam ein Baby angefahren.
Ohne Strümpf und ohne Schuh',
liebe Lisa, das warst du!

GLÜCKWÜNSCHE ÜBER HANDY UND PER SMS

Herzlichen Glückwunsch
zu deiner 9.466.560. Minute oder
zu deiner 157.776. Stunde oder
zu deinem 6.574. Tag oder einfach
zu deinem 18. Geburtstag.

* * *

Wenn das kein Meilenstein in deinem Leben ist!
18 Jahre alt - ein tolles Gefühl!
Herzlichen Glückwunsch

* * *

18 Jahre, ein bedeutender Schritt,
hoffentlich hält dein Geldbeutel mit.

* * *

Ein Meilenstein - die Volljährigkeit!
Viel Glück und Gesundheit für alle Zeit.

* * *

18 ist eine magische Zahl,
wir gratulieren 1000-mal.

* * *

18 Jahre und der Führerschein,
was kann da noch besser sein?

Die Großeltern gratulieren

mit einem Geldgeschenk

Endlich ist die Plagerei vorbei,
dein Leben von nun an leichter sei!
Ein Geschenk soll dazu ein Anfang sein,
drum legen wir rein
diesen kleinen Schein.

* * *

Rechnen, Schreiben und auch Lesen,
vorbei – das ist gewesen.

* * *

Bei uns im Ort geht das Gerücht herum,
dass du bist jetzt gar nicht mehr dumm!

* * *

Ab heute bist du endlich frei,
die Plackerei ist jetzt vorbei.
Nie wieder Lernen, Lesen, Schreiben,
anders wirst du die Zeit vertreiben.
Nach dem Schulabschluss von heute
ist das Leben nur pure Freude.

* * *

Vorbei das Studieren, Pauken und Lernen,
ab heute greifst du nach den Sternen.
Voll Freude wirst du 'nen Job ergreifen,
auf Angst und Zweifel kannst du pfeifen.
Zu deinem Diplom gratulieren wir
und wünschen alles Gute dir.

Geburtstag ist wohl ohne Frage
der schönste aller Ehrentage.
Drum wollen wir keine Zeit verlieren,
zum Wiegenfest dir gratulieren.
Denk stets dran, und vergiss es nicht:
Wir lieben und wir brauchen dich.

GRUND ZUM FEIERN

Blumen

mit einem Strauß

Zuneigung spiegeln Blumen wider,
ob Nelken, Rosen oder Flieder.
Darüber hab' ich mir Gedanken gemacht
und dir diesen schönen Strauß gebracht.
Er soll dir zeigen, wie gern ich dich mag,
besonders an deinem Ehrentag.

Wähle selbst!

mit einem Gutschein

Von Dächern pfeifen es die Spatzen,
ihr sollt die Cents zusammenkratzen.
Die Sandra hat Geburtstag heut',
alle Freunde dies sehr freut.
Denn zum Trinken gibt's bei der Sandra viel,
auch Essen, Spaß und manch ein Spiel.
Drum wollen wir sie fürstlich bedenken
und ihr diesen Gutschein schenken.

Herzliche Glück- und Segenswünsche!

Ein Lebensjahr ist abgelaufen –
Gelegenheit, um zu verschnaufen,
um systematisch durchzugeh'n:
Was ist misslungen, was gescheh'n? –
und für das künftige Bemühen
die Folgerung daraus zu ziehen.
Wir hoffen, dass dies letzte Jahr
zumindest ausgeglichen war,
falls nicht sogar ein klares Plus
verblieb an Freude und Genuss.
Noch viele Jahre wünscht man dir,
voll Aufbruch, Mut, Kritik, Pläsier,
Erfahrungen, Ideen zu Dingen,
die festigen und weiterbringen.
Nimm jedes Jahr aus Gottes Hand,
als sei's dir zum Geschenk gesandt.
Doch wuchere mit Augenblicken,
als sei's dein Werk, dass sie auch glücken!

Das Alter

Es ist seltsam mit dem Alter.
Wenn man 13 und noch Kind,
weiß man glasklar, dass das Alter
so um 20 rum beginnt!

Ist man selber 20,
denkt man nicht mehr ganz so steif.
Glaubt jedoch, so um 30
sei man für den Sperrmüll reif!

Dreißiger – schon etwas weiser
und vom Lebenskampf geprägt –
haben den Beginn des Alters
auf Punkt 40 festgelegt.

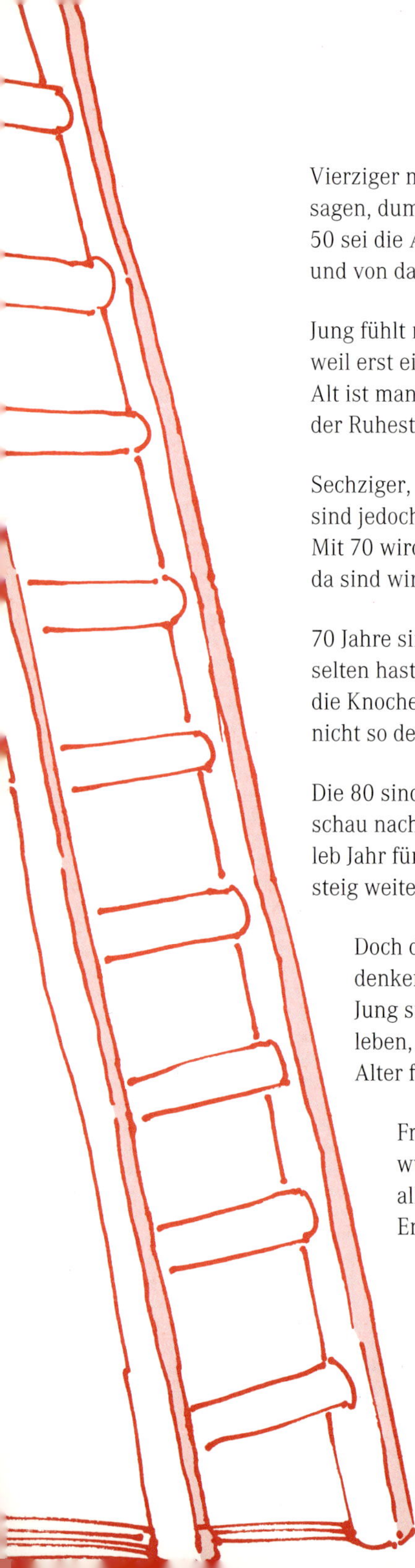

Vierziger mit Hang zum Grübeln
sagen, dumpf wie ein Fagott:
50 sei die Altersgrenze,
und von da an sei man Schrott!

Jung fühlt man sich noch mit 50,
weil erst ein halbes Jahrhundert voll.
Alt ist man, wenn so um 60
der Ruhestand beginnen soll.

Sechziger, o was ein Wunder,
sind jedoch noch voll mobil.
Mit 70 wird das Jahr dann kommen,
da sind wir total senil.

70 Jahre sind vollbracht,
selten hast du schlappgemacht,
die Knochen werden langsam spröde,
nicht so dein Geist, der ist noch rege.

Die 80 sind dann angebrochen,
schau nach vorn, tu weiter hoffen,
leb Jahr für Jahr geduldig weiter,
steig weiter auf der Lebensleiter.

Doch die 90er, die Klugen,
denken überhaupt nicht dran.
Jung sind alle, die noch lachen
leben, lieben, weitermachen –
Alter fängt mit 100 an!

Frieden, Lachen, keine Schmerzen,
wünschen dir von ganzem Herzen
alle deine Kinder, die sind da,
Enkel und Freunde aus fern und nah.

Kohle überreichen

mit einem Geldgeschenk

Lange hab'n wir nachgedacht,
was dir wohl 'ne Freude macht.
'Ne Flasche Champagner, 'nen nackten Mann,
etwas, woraus man was nähen kann ...
Ich fragte Marie, was ich wohl hole,
Sie sagte: »Schenk ihr doch einfach Kohle!«
Ich stutzte und dachte im Stillen für mich:
Das ist doch wirklich echt lächerlich.

Sie hat doch gar keinen richtigen Garten,
in dem sie auf dem Grill könnt' was braten.
Oder braucht sie Kohle zum Heizen?
Naja, dann wollen wir nicht geizen
und kaufen die gute Eierkohle,
damit sie sich keine Erkältung hole.
Ich sprach mit Tim, der sagte nur:
Das ist doch wohl der Blödsinn pur.

Nimm die Kohle, die zum Grillen,
dann hat Sarah ihren Willen.
Auf dem Balkon, da hat sie Platz
nur für sich und ihren Schatz.
Und wenn sie damit heizen will,
nimmt sie eben ihren Grill!!
Gesagt, getan, und ich schob los,
mein Gott, war die Auswahl groß.

Ich kaufte, was dein Herz begehrt,
denn damit macht man nichts verkehrt.
Doch eine Warnung, die muss sein:
Greif tiefer in die Kohlen rein ...
und such nach den zehn »Eierkohlen«,
bevor sie sich die Flammen holen!
Denn wenn sie erst im Feuer sind,
die »andre Kohle« kein Glück mehr bringt.

Ein Körbchen oder Eierkarton voll Eier- oder Grillkohle mit darin versteckten Geldstücken wird überreicht.

Im Alter jung bleiben

Alt macht nicht die Zahl der Jahre,
alt machen nicht die grauen Haare.
Alt ist, wer den Mut verliert
und sich für nichts mehr interessiert.
Drum nimm alles mit Freude und Schwung,
dann bleibst du auch im Herzen jung.
Zufriedenheit und Glück auf Erden
sind das Rezept, uralt zu werden.

Ein kleines Rezept für die nächsten 365 Tage

Man nehme 12 Monate, putze sie sauber von Bitterkeit, Geiz, Pedanterie und Neid und zerlege jeden Monat in 30 oder 31 Teile, sodass der Vorrat genau für ein Jahr reicht. Jeder Tag wird dann einzeln angerichtet aus einem Teil Arbeit und zwei Teilen Frohsinn und Humor.
Man füge drei gehäufte Esslöffel Optimismus hinzu, einen Teelöffel Toleranz, ein Körnchen Ironie und eine Prise Takt.
Dann wird die ganze Masse sehr reichlich mit Liebe übergossen!
Das fertige Gericht schmücke man mit Sträußchen kleiner Aufmerksamkeiten und serviere es täglich mit Heiterkeit!

Wir feiern nicht das letzte Mal

Denkst du 40 Jahre zurück,
warst du deiner Eltern Glück.
Nun sind 40 Jahr' verronnen,
und wir durften alle kommen.
Gerne sind wir heute Gäste
und wünschen dir das Allerbeste
zu diesem deinem Ehrentag,
der sich noch recht oft jähren mag!

Wo führt das hin?

40 wird man nicht alle Tage!
Das muss gefeiert werden - keine Frage.
Ist dir eigentlich schon bewusst,
dass du jetzt besser aufpassen musst?
Die Haare gehen langsam aus,
der Bauch, der wächst, was für ein Graus!
Die Knochen fangen an zu schmerzen,
in der Disko die Jungen mit dir scherzen:
»Hallo, Opa, darfst du hier noch rein?«
Da darfst du nicht beleidigt sein.
Wir wünschen: Viele Haare, keinen Bauch
und natürlich Gesundheit und Frohsinn auch.

Kein Grund zum Traurigsein!

Ach Susi, zieh doch kein Gesicht,
von uns bekommst du ein Gedicht.
Kein Beinbruch ist es - eher würzig:
das »hohe Alter«, runde 40.
Schwäbin bist du obendrein,
wirst künftig nur noch schlauer sein.
Wir wünschen dazu Glück und Segen
von deinen lieben Arbeitskollegen.

Die magische Grenze

Ist es nicht toll?
Du machst heute die 40 voll!
Auf 40 Jahre blickst du nun zurück,
auf manche Sorgen, manches Glück.
Man muss es einmal deutlich sagen:
Hast viel geschafft in all den Jahren!
Bist immer da, wenn man dich braucht,
und jung geblieben bist du auch.
Bleib, wie du bist, treib's nicht zu toll,
dann machst du auch die 100 voll!

Jetzt wollen wir die Gläser heben

Mach weiter so, wie wir dich lieben,
denn du bist einfach jung geblieben.
Dein Herz hat seinen frohen Klang
behalten all die Jahre lang.

Das ist es, was die Freunde heut'
zum neuen Lebensjahr so freut:
Dass deines Herzens Heiterkeit
dich jung erhält noch lange Zeit!

40 ade – 50 olé!

Nun kommen die 50er Jahre, 40 ade!
Es ist doch das Wunderbare, es tut ja gar nicht weh,
denn wir sind ja noch jung im Herzen und im Geist,
auf gar keinen Fall verschroben und vergreist.
40 ade – 50 olé!

Bedenken wir unser Leben, 40 ade.
Da kann es nur eines geben: Es war wie Varieté.
Mal war'n wir der Clown, und mal war'n wir Dompteur,
dann der Künstler am Trapez und mal der Jongleur.
40 ade – 50 olé!

Das Leben war ein Wandern, 40 ade,
von einem Jahr zum anderen, nun kommt das Resümee:
Es war wunderschön trotz mancherlei Verdruss
mit Tiefen und mit Höhen und manchem Überfluss.
40 ade - 50 olé!

Ach Werner, mach so weiter, 40 ade.
Bleib fröhlich und auch heiter, bleib ohne Ach und Weh.
Alle wünschen dir Glück und hellen Sonnenschein
und Gesundheit dazu, auch Frohsinn obendrein.
40 ade - 50 olé!

Dieser Text kann auch von der ganzen Festgesellschaft gesungen werden, nach der Melodie von »Jetzt kommen die lustigen Tage«. Sie sollten dann viele Kopien des Textes bereithalten.

Zeitlose Wünsche

Heute sind es 50 Jahr,
da entspross ein kleiner Baum,
der trotzte Wind und Wetter
im Schmuck der grünen Blätter.

Und endlich kam sein Frühling,
da fing er an zu blüh'n.
Und hat in schönen Tagen
gar edle Frucht getragen.

Da haben wir gepflücket
von des Baumes edler Frucht:
Die Frucht gab uns Erkenntnis
und höheres Verständnis.

Lasst uns mit Herz und Munde
freudig künden unseren Dank:
Der Baum sei nicht vergebens,
sei uns ein Baum des Lebens.

Hoffmann von Fallersleben

Für eine Freundin

50 Jahre sind vergangen,
seit dein Leben angefangen.
Hattest Höhen und auch Tiefen.
Warst immer da, wenn wir dich riefen.
Darum wollen wir dir sagen:
»Es ist schön, dass wir dich haben.«
Heute lasst die Korken knallen
und die Hymnen laut erschallen:
Lena wird heut' 50 Jahr'!
Alles Gute von uns, das ist doch klar.

Ein halbes Jahrhundert

50 Jahr', das ist die Mitte,
das Ende nähert sich mit kleinem Schritte.
Du stehst in Blüte, stehst im Saft,
hast Geduld, gutes Aussehen und auch Kraft.
Das Leben ist noch lange nicht zu Ende.
Darum denke sehr behände,
fange nicht an, jetzt zu sparen
in den nächsten 50 Jahren.
Das Leben will genossen sein,
drum schenke uns noch etwas ein.

Fünfzig sein – nicht Bange machen

Wenn grau die Haare nur noch sprießen,
du Ärger hast mit kalten Füßen,
wenn du dich fragst: »Mach ich's vernünftig?«
Dann kannst du wetten, wirst du fünfzig!

Schläfst du beim Fernseh'n öfter ein,
schmerzt heut' die Schulter, gestern 's Bein,
willst Ruh' und Frieden nur zukünftig,
dann ist's so weit, dann wirst du fünfzig!

Mit Schönheitspflege und Diät
versucht man halt, was noch so geht.
Läuft's bei den Damen nicht mehr günstig,
dann steht es fest, dann wirst du fünfzig!

Doch solltest du jetzt nicht verdrießen,
lass dir das Leben nicht vermiesen!
Halt fern von dir Verdruss und Frust
und lebe jeden Tag bewusst!

Und nun, sonst geht's zu trocken aus,
ein dreifach Hoch, du altes Haus!
Ich sage Prost auf deine Fünfzig
und wünsche Glück und feiere zünftig!!

Zum Prosit!

Was immer man auch angestrebt,
wer 50 wird, hat viel erlebt.
Mal ging es runter und mal rauf,
so ist nun mal der Lebenslauf.

Nimm's einfach, mach so weiter.
Nimm's einfach und bleib heiter!
Wir wären alle wirklich froh,
bleibst du für uns noch lange so.

Danke für die Einladung

Heute ist dein Jubiläum, 60 Jahre an der Zahl,
dieses war Grund zum Feiern beim köstlich guten Mahl!
Nun bleibt uns nur noch Dank zu sagen
all' denen, die die Kosten tragen,
den guten Geistern, die hier sauber machen,
den Gästen für Geschenke, Reden, Singen, Lachen!
Es hat uns gut gefallen – es war wunderschön.
Es könnte grad so weitergeh'n!

Gästebuch zur Erinnerung

mit einem Gästebuch

Auf die erste Seite schreiben Sie:

Geburtstags-Gästebuch
zum 50. Geburtstag
für Laura Wolf
von ihren Gästen
zur Feier in ...
am 7. November 2005

Auf der ersten Innenseite tragen Sie diesen Vers ein:

Liebe Leute, groß und klein,
tragt euch in dieses Büchlein ein.
Der Laura wollen wir es schenken,
damit sie stets soll an uns denken.

Und so basteln Sie das Gästebuch:
Kaufen Sie ein Gästebuch oder ein Fotoalbum, oder stecken Sie DIN-A-4-Blätter in Klarsichtfolien und legen Sie sie in einen Ringordner ein. Während der Geburtstagsfeier machen Sie mit einer Sofortbild- oder Digitalkamera Fotos von den Gästen, und jeder Gast verewigt sich in dem Gästebuch mit einem Vers oder mit guten Wünschen.

Ein halbes Jahrhundert

Geburtstage kennen wir viele im Leben,
doch nur einen besonderen kann es geben:
Den fünfzigsten, eine magische Zahl.
Er steht mitten im Leben – ein ragendes Mal.

Dieses Denk-Mal, was will es uns eigentlich sagen?
Vielleicht meint jetzt einer, es würde uns fragen:
Wie hast du die Jahre, die bisher vergangen,
verbracht? Und was hast du angefangen
mit all der Zeit? Was war gut und was schlecht?
Was ist dir gelungen, was nicht so recht?
Was würdest du, ging das heut', anders machen?
Sind es viele Dinge oder nur ein paar Sachen?

Auf all diese Fragen Antwort zu geben
gelingt wohl keinem, denn ein halbes Leben,
das ist vorüber, endgültig vorbei.
Zu ändern ist nichts mehr, was es auch sei.

Und wer glaubt, die Erfahrungen, die er gemacht,
hätten ihm den Stein der Weisen gebracht,
sodass er die kommende Zeit des Lebens
ohne Fehler verbringt, der hofft das vergebens.

Viel sinnvoller ist, statt Gegess'nes zu kauen
und Kaffeesatz lesend nach vorne zu schauen,
jeden Tag stets zu leben, so gut man es kann:
Etwas arbeiten, ausruhen dann und wann,

viel Freundlichkeit schenken, die Stunden genießen,
dafür sorgen, dass Sorgen uns nicht verdrießen,
sich dran freu'n jeden Tag, gesund zu sein,
zu danken, ist man nicht völlig allein,

die Familie und Freunde nicht vergessen,
spazieren geh'n, lachen und gerne essen,
Gespräche führ'n, sich um andere kümmern,
gute Bücher lesen, bei Wehwehchen nicht wimmern,

auch bei Schicksalsschlägen Stärke bewahren. –
Wenn das klappt, wirst du auch in den
kommenden Jahren
das Leben meistern, was es auch bringt.

Dass das dem Geburtstagskind stets gut gelingt,
dieser Wunsch, der soll sich dir ganz erfüllen,
auch wenn wir nicht »Hoch« und »Prösterchen« brüllen,
sondern dir leis' zu verstehen geben:
Viel Glück, alles Liebe, und lang sollst du leben!

Geburtstagswunsch

Nächstens werd' ich sechzig,
nach dem Himmel lechz' ich.
Doch, o Gott, es hat noch Zeit,
lang ist ja die Ewigkeit.
Füg, o Gott, noch 10 hinzu,
eh' du gibst die ew'ge Ruh!
10 zu 60 – dann ergibt sich
mir die schöne Zahl von 70.
Doch noch höher geht mein Ziel,
noch mal 10 wär' nicht zu viel;
denn wer 70 ist, der macht sich
Hoffnung auch noch auf die 80.
Doch, es wär' nicht einzig,
erreicht' ich gar die 90.
Schließlich wär' ich nicht verwundert,
brächt' ich es gar auf 100!
Johann Baptist Sproll

Ohne dich geht es nicht

Sechzig Jahre sind vergangen,
seit dein Leben angefangen.
Niemals rasten, niemals ruh'n,
für uns alle stets Gutes tun.
Wir wissen, was wir an dir haben,
auch wenn wir es nicht immer sagen.

Zu deinem 60. Geburtstag senden wir dir unser Glückwunsch-ABC

A lles hinzunehmen, was nicht zu ändern ist
B este Chancen
C haraktervolle Mitmenschen
D uftiges und sportliches Outfit
E rlebnisse, die du in schöner Erinnerung behältst
F röhlichkeit und gute Laune
G lück und Gesundheit
H ilfsbereite Menschen
I mmer gute Vorhaben
J eden Tag etwas Freude
K reative Phasen
L ustige Stunden
M ußestunden
N icht so viel Hektik
O ft freudige Überraschungen
P artys und schöne Feste
Q uellen des Frohsinns
R at in allen Lebenslagen
S ekt und Selters – je nach Tageszeit
T olerante Mitmenschen
U rlaub – mehrmals im Jahr
V iele glückliche Stunden
W eitblick
X -beliebige Einfälle
Y zur Umsetzung von jetzt bis zum Jahr 3000
Z ufriedenheit

Einer Siebzigjährigen

Wenn du auf dein Leben schaust, so denkst du
- wunderbar.
Vielleicht bleibt es so schön - die nächsten 30
oder mehr Jahr.
Bist noch ziemlich rüstig und fit,
hilfst, wenn wir dich brauchen, und machst immer mit.

Wenn du manchmal auch vergesslich bist,
und nicht mehr weißt, wo Gebiss oder Brille ist,
darfst du glauben: Wir haben dich unverdrossen
tief in unser Herz geschlossen.

Und wenn dir mal was nicht gefällt und du ärgerst
dich über die Zeit,
so denk: »Ich habe doch Humor!« und schieb es
auf die Seit'.
Noch viele wunderschöne Jahre wünschen wir dir
mit uns und deiner Familie hier.

Dem lieben Opa zum 75. Geburtstag

Eigentlich wollt' ich dir was dichten,
schöne Worte an dich richten.
Habe mit dir und mir gerungen,
doch es ist mir nicht gelungen,
dich mit Reimen zu beschreiben,
dich in Reime einzukleiden,
dich mit Reimen zu erfassen.
Darum musst ich's eben lassen.

Fünfundsiebzig wirst du morgen,
bist ganz fit mit wenig Sorgen.
Hast noch Freude an diesem Leben,
das Gott dir gnädig einst gegeben.
Auch dein Garten hält dich jung,
den betreibst du mit viel Schwung.
Spürst zwar das Alter in den Knochen,
aber das Leben, das hältst du am Kochen.

Ja, ja wir staunen, Mann o Mann,
was unser Opa alles kann.
Es ist uns eine große Freude,
dein Fest mit dir zu feiern heute.

Auch danken wir von ganzem Herzen
für all die Freuden, nicht die Schmerzen,
die wir von dir in vielen Jahren
empfangen und erfahren haben.

Mit Frohmut, Kraft und Gottes Segen
sollst du noch viele Jahre leben
und diese Zeit mit Oma teilen
und nach dem Eilen stets verweilen.

Und plagt dich zwischendurch der Kummer,
dann ruf uns an, du kennst die Nummer!

Das Leben sollte mit dem Tod beginnen, nicht andersherum!

Zuerst gehst du ins Altersheim,
wirst rausgeschmissen, wenn du zu jung wirst.
Spielst danach ein paar Jahre Golf,
kriegst eine goldene Uhr und beginnst zu arbeiten.
Anschließend geht es auf die Uni.
Du hast inzwischen genug Erfahrung,
das Studentenleben richtig zu genießen,
nimmst Drogen, säufst.
Nach der Schule spielst du fünf,
sechs Jahre,
dümpelst neun Monate in einer
Gebärmutter
und beendest dein Leben als Orgasmus.
Donald Sutherland

Du bleibst der Alte

70 Jahre, ach du Schreck,
die Jugend und der Lack sind weg.
Knochen knacken - Muskeln drücken,
manchmal hast du's mit dem Rücken.
Hattest Höhen und auch Tiefen,
warst stets da, wenn wir dich riefen.
Denn das eine sollst du wissen:
Ohne dich sind wir aufgeschmissen.
Wir wünschen dir von Herzen Glück,
du bist und bleibst unser bestes Stück.

LIEBE WÜNSCHE AUF KARTEN

Du wirst nicht älter, sondern besser!

Älter werden schließlich alle.
Doch eines gilt in jedem Falle:
Jeweils alle Lebenszeiten
haben ganz besond're Seiten.
Wer sie sinnvoll nutzt mit Schwung,
der bleibt 100 Jahre jung.

Deine Wünsche sollen sich erfüllen

Ich wünsche dir
einen wolkenlosen Himmel,
den Duft der schönsten Blumen,
ein Lied,
ein Lachen,
einen Wunsch,
der in Erfüllung geht -
einfach alles,
das dir Freude schenkt
und dich rundum
glücklich macht.

Rezept für ein glückliches Lebensjahr

Man nehme etwas Glück,
von Liebe auch ein Stück.
Geduld, etwas Zeit,
Erfolg und Zufriedenheit.
Das Ganze gut gerührt,
zu langem Leben führt.

For ever young

Wir hoffen, dass du fit und feste
bleibst noch lange unsere Beste.
Ohne Krähenfüße, Furchen, Falten –
du gehörst noch nicht zu unsern Alten.

* * *

Lebe! Liebe! Lache!
Auf diese Weise mache
dein neues Jahr zu einem Fest,
das dich dein Leben feiern lässt.
Es soll das neue Lebensjahr
noch besser sein, wie's alte war!

Uralt werden

Zu diesem schönen, runden Feste
gratulier'n wir und wünschen das Allerbeste.
Bleibe weiterhin gesund und fröhlich,
dann sind die 100 nicht unmöglich!

Erinnerungen sind wie Blumen

Wandle sorgenfrei und lange
deinen Lebenspfad dahin.
Pflück auf deinem Lebensgange
alle Freuden, die da blüh'n.

Ein Leben, das sich lohnt

Wer nie in der Jugend Überschwang
über verbotene Zäune sprang,
wer nie nach verbotener Liebe gestrebt hat
und immer nur nach dem Erlaubten gelebt hat,
dem hefte man Orden an Brust und Tressen,
doch sagt ihm: Er hat zu leben vergessen.

Zum 50. Geburtstag

Der Frühling naht mit Riesenschritt
und bringt die runde Fünf dir mit.
Was soll's? Ich find' es trotzdem schön!
Du musst nur alles überstehn!
1, 2, 3 - die Jahre geh'n vorbei.

Der besten Oma zum 60.

Guten Morgen und Hurra!
Die Oma wird heut 60 Jahr'.
Bleib, wie du bist, zu jeder Stund',
vor allem bleib recht lang gesund!
Wir wünschen dir zu deinem Feste
Gesundheit, Glück und nur das Beste!

Schnapszahl-Geburtstag

Deine Schnapszahl ist vollbracht,
66 Jahre sind geschafft,
bis heute war es keine Frage,
du bist noch immer Herr der Lage.
Humorvoll und im Herzen munter,
spulst du die nächsten 44 lässig runter!

Einer Siebzigjährigen

O Schreck, o Schreck,
die Sechs ist weg!
Doch sei nicht traurig, du wirst schon seh'n:
Mit 70 wird's erst wirklich schön.
Und dabei ist nur eines wichtig:
So wie du bist, so ist es richtig.

Unbeirrt durch's Leben

Das ist kein Witz –
das wissen fast alle Leute:
Du wirst 70 heute.

Den 70. Geburtstag begießen

Mit 70 Jahren noch so perfekt,
das schreit geradezu nach Sekt.
Zum Geburtstag recht viel Glück,
und denk dran: Immer vorwärts – nie zurück!

Humorvoll im Alter

Zum 80. dir nur das Beste!
Mögest du noch lange Zeit
uns nach deinem großen Feste
erfreu'n mit deiner Heiterkeit.

Schön, dass es dich gibt!

Du hast immer noch sehr viel Schwung,
engagierst dich bei Alt und Jung.
Bei der Arbeit gibst du alles her,
so jemand zu finden, da tut man sich schwer.
Welch ein Glück, dass wir dich haben,
danke für alles und für deine Gaben.

Bleib, wie du bist, zu jeder Stund',
vor allem bleib recht lang gesund.
Wir wünschen dir zu deinem Feste
Gesundheit, Glück und nur das Beste.

* * *

Lasst uns diesmal schriftlich sagen,
was wir für dich im Herzen tragen:
Alles, was dein Herz begehrt,
sei vom Leben dir beschert.

* * *

Dein'n Geburtstag mit der Null
finden wir very wonderful!
Drum wollen wir keine Zeit verlieren
und zu deinem 30. dir gratulieren.

* * *

Sabrina mit dem schwarzen Haar,
die wird heute 30 Jahr'!
Ihre Schorle trinkt sie weiß und sauer,
dadurch kriegt sie Mega-Power.

* * *

Die Julia gehört zu den Powerfrauen
und hat die Zwei einfach weggehauen.
Jetzt bist du 30 und machst ein Fest,
wir wünschen dir das Allerbest'.

* * *

Immer was Neues und viele Feste
sind für sie das Allerbeste.
Jung und spritzig, frisch und würzig,
wer's glaubt: Heute ist sie vierzig!
Für sie gilt wie für alle Leute:
»Nie war ich so gut wie heute!«

Der Schwabe wird mit 40 gescheit,
bei dir ist's morgen auch so weit.
Gesundheit, Glück und Gottes Segen
und weiterhin ein schönes Leben.

* * *

Ach du Schreck,
jetzt ist die Drei ganz plötzlich weg.
Doch sei nicht traurig, du wirst schon seh'n:
mit 40 ist es genauso schön.

* * *

Seit heute steht bei dir die Vier,
drum hole schon mal reichlich Bier.
Denn morgen kommen wir
zur Geburtstagsfeier zu dir.

* * *

Unsere Oma ist die Beste,
drum gratulieren wir zum Feste,
die Kinder und die Enkelschar.
Die Omi wird heut 50 Jahr'.

* * *

50 Jahre schauen wir zurück,
sagen ganz laut: Mit dir haben wir Glück.
Gesundheit, Glück und ein langes Leben,
das soll Gott dir zu deinem Geburtstag geben.

* * *

Süß sah sie aus, ach war sie klein,
und heut' wird sie 50, unser Bärbelein.
Und an diesem besonderen Feste
wünscht dir die Familie nur das Beste.
So wie du bist, das ist doch klar,
bist du unser Superstar!

Es ist kaum zu glauben, aber wahr:
Die Lore wird heut' 60 Jahr'.
Wir wünschen dir das Allerbeste
zu deinem heutigen Wiegenfeste.

* * *

Die Treppen rauf, die Treppen runter,
auch jetzt mit 60 schaffst du's munter.
Wir hoffen, dass es weiter so bleibt,
bis man deine 100 schreibt.

* * *

70 Jahre sind zerronnen,
seit du auf die Welt gekommen.
Hast im Leben viel geschafft,
brauchtest oft Geduld und Kraft.
Bist noch immer für uns da –
du bist einfach wunderbar.

* * *

Schwuppdiwupp, o welch ein Schreck,
dem Simon lief der Sechser weg.
Und auch die Neun, die hinten stand,
ist über Nacht davongerannt.
Doch sei nicht traurig, du wirst seh'n:
Mit 70 wird's genau so schön.

* * *

Ihr glaubt nicht, was ich euch sag':
Der Sepp hat heute seinen großen Tag.
Die 75 sind geschafft,
trotz dass er täglich eine pafft.
Er soll nur ruhig so weitermachen,
dann wird er mit 80 auch noch lachen.

Zu deinem Geburtstag ein kurzes Gedicht:
Du bist ein Jahr älter – ich bin's noch nicht!

* * *

Da ich nicht singen kann,
kommt der Geburtstagsgruß per E-Mail an.

* * *

Du hast Geburtstag heut',
was mich auch sehr freut.
Leider kann ich dich nicht an mich drücken,
drum muss ich den Glückwunsch per E-Mail schicken.

* * *

Da ich nicht gut singen kann, schicke ich dir
dieses E-Mail:
Zum Geburtstag viel Glück und Ruh'
und sauf dich bitte nicht so zu!!!

* * *

So alt wie Methusalem wirst du heut' nicht,
aber du bist schon nah dran. Das war mein Gedicht!

* * *

Wenn die Kerzen mehr als der Kuchen kosten,
bist du älter geworden. Tust du schon rosten?

* * *

Liebe Geburtstagsgrüße aus der Ferne!
Wir haben dich sehr gerne.
Leider können wir nicht bei dir sein.
Wir schließen dich in unsere Gedanken ein.

Celebration time: Happy birthday, you old Sack!

* * *

Da ich nicht singen kann,
schick ich dir einfach ein SMS-Grußtelegramm:
Happppyyy Birthday to youuuuuuuu, huuuuu, huuuu …

* * *

Ich gratuliere schön. Noch lange sollst du leben,
stets sollen Englein dich umgeben.
Und nun gebe ich dir zum Schluss
einen herzlichen Kuss!

* * *

Du denkst wohl, du bist etwas ganz Besonderes,
weil du heute Geburtstag hast?
Du bist doch jeden Tag etwas ganz Besonderes!!!!!!!!!!!!

* * *

Zum Geburtstag wollt' ich ein Gedicht vortragen,
das ich mal in der Zeitung las,
doch den Glückwunsch muss die SMS dir sagen,
weil ich den Reim total vergaß!

* * *

Jeder hat etwas Geld für eine SMS gespendet. Wir hatten 75,62 Euro übrig und haben deinen Geburtstag in einer Bar um die Ecke gefeiert! Alles Gute zum Geburtstag!

* * *

Zu deinem Geburtstag wollte ich dir etwas schenken, dass du wirklich brauchst, aber wie verpackt man einen 25-Stunden-Tag?

* * *

Was meldet sich hier mit Geläut und Getute?
Es ist dein Handy! Zum Geburtstag alles Gute!

Donnerblitz und Donnerschlag,
was haben wir heut' denn für einen Tag?
Verdammt noch mal und zugenäht,
für deine Geburtstagsfeier ist es zu spät!

SCHERZGESCHENKE HUMORVOLL ÜBERREICHT

Praktische Geschenke für alle Zeiten

mit Scherzgeschenken

1 Blume für blumige Zeiten
1 Flasche Sekt für trockene Zeiten
1 Glas Gurken für saure Zeiten
1 Flasche Baldrian für unruhige Zeiten
1 Kamm für lausige Zeiten
1 Duschgel für duftige Zeiten
1 Sonnencreme für sonnige Zeiten
1 Sparschwein für saumäßige Zeiten
1 Badehose für heiße Zeiten
1 Rolle Klopapier für beschissene Zeiten

Während des Vortrags werden alle aufgezählten Gegenstände überreicht. Das wirkt besonders gut, wenn zehn Freunde sich nebeneinander vor dem Geburtstagskind aufbauen und nach und nach mit je einer Textzeile ihre Gaben präsentieren.

10 Flaschen als Lebenselixier

mit Scherzgeschenken

Milchflasche

Dein erstes Lebensjahrzehnt, wie sich ziemt,
war von der Milchflasche bestimmt.
Das hat da mächtig Auftrieb gegeben
und war ein guter Start für's Leben.

Limonadenflasche

Im Knabenalter ist man ganz unbeschwert,
da ist die Limonadenflasche von Wert.
Nach einem Fuß- oder Handballspiel
hat man ein riesiges Durstgefühl.

Mostflasche

Ab 20, dass man gut gedeihe,
ist die Mostflasche an der Reihe.
Eine Halbe Most mit Speck und Brot,
das tut in diesen Jahren Not.

Bierflasche

Im vierten Jahrzehnt wirst du gern schon bequem
und lässt es ein bisschen locker angeh'n.
Alles, was du brauchst, ist jetzt im Haus:
Die Bierflaschen, und die gehen nicht aus.

Weinflasche

Du hast es zu etwas gebracht im Leben
und huldigst nun dem Saft der Reben.
Ob »Weiß«, ob »Goldig« oder »Rot«,
ein jeder ist ein Gotteslob.

Sektflasche

Im sechsten Jahrzehnt, das kann ich beteuern,
hat man meistens viele Feste zu feiern.
Drum sage ich jetzt ganz direkt:
In diesen Jahren regiert der Sekt.

Kräuterbitterflasche

Die Liebe tust du schon ein wenig vergessen,
du konzentrierst dich mehr auf das Essen.
Und da ist es dann auch schnell passiert,
dass du den Magen dir hast strapaziert.

Nicht nur für dein inneres Wohl,
auch für außen brauchst du jetzt Alkohol.
Wenn du Kopfweh hast, ganz dreist,
nimm Klosterfrau Melissengeist.

Klosterfrau Melissengeist

Es kann sein, dass du dem Alkohol entsagst
oder am Ende gar nicht mehr magst?
Drum hab' ich für dich, du verstehst das eh,
eine Thermosflasche mit warmem Tee.

Thermosflasche

Auch im Greisenalter, das möchte ich nun berichten,
brauchst du auf die Flasche nicht zu verzichten.
Kein Wehwehchen wirst du mehr verspüren,
mit der Flasche kannst du alles auskurieren.

Wärmflasche

Auf jeden Fall ist dir dann nicht mehr kalt,
und du wirst 100 Jahre alt.
In diesem Sinne, lieber Holger, wünsch' ich dir
alles Gute, mit diesem Lebenselixier.

mit Scherzgeschenken

Unsere guten Wünsche zum Geburtstag

Wir wünschen dir ...

Apfel	... dass du niemals in den sauren Apfel beißt
Käse	... dass du keinen Käse daherredest
Feder	... dass du alles leicht nimmst
Springseil	... dass du fit bleibst
Witzbuch oder Clown	... dass du deinen Humor behältst
Luftballon	... dass dir nie die Puste ausgeht
Fußbalsam	... dass du immer gut zu Fuß bist
Schirm	... dass du niemals im Regen stehst
Würfelzucker	... dass das süße Leben nie vorübergeht
Bier	... dass du nicht alles bierernst nimmst
Foto von allen Gratulanten	... dass du uns nie vergisst
Glühbirne	... dass dir immer ein Licht aufgeht
Draht	... dass du immer auf Draht bist
Batterie	... dass du immer unter Strom stehst
Ball	... dass im Leben immer alles rund läuft

Während des Vortrags werden alle aufgezählten Gegenstände überreicht. Wählen Sie die passenden Geschenke für Ihr Geburtstagskind, indem Sie diese Vorschläge abändern!

Ordensverleihung

mit einem Schokotaler am Band

Viele Menschen lernt' ich kennen.
Einen, den man nie vergisst,
will ich heut' beim Namen nennen:
Thomas! Wie fesch und jung du bist!

50 Jahr' bist du geworden?
Dafür kriegst du einen Orden!
Ja, ein Orden, der muss her
für den jungen Fünfziger!

Universaleinladung

Eingeladen mitzufeiern
sind die Preußen und die Bayern,
Friesen, Schwaben, Hessen, Franken,
Ossis, Wessis, Kirchen, Banken.
Fußballfans, Opernverehrer,
Schüler und natürlich Lehrer,
SPD und CDU.
Selbstverständlich kommst auch du!
Kommt aus Europa und Amerika,
aus dem In- und Ausland und Afrika,
Hauptsach' ist, ihr bleibt gesund,
denn am 12. September - da wird es bunt!
Sagt bis zum 6. September Bescheid,
eine Absage tät' mir sehr leid!
Zum Mitbringen braucht ihr ein freundlich's Gesicht,
vielleicht noch eine lust'ge Geschicht'.
Wer was schenken will: Dann bitte Geld,
weil mir das am meisten fehlt.
Dafür gibt's Essen und g'nug zum Trinken,
tanzen kann man und auch singen,
knackige Männer und scharfe Frauen betören,
mit süßen Kindern spielen und was Neues hören.
Ja warum denn, fragt ihr nun,
was gibt's denn für ein Jubiläum?
Na, ja, ich werd halt 60 Jahr -
und dies mit euch zu feiern wär' wunderbar.

Für liebe Freunde

Älter werden schließlich alle,
doch eines gilt in jedem Falle:
Erst mit 50 geht's zur Sache!
Nimm's nicht traurig, sondern lache.
Drum feiert mit bei meinem Feste,
denn was wäre so ein Fest schon ohne Gäste!

BESSER SPÄT ALS NIE – GEBURTSTAG VERGESSEN!

Ich gratuliere freilich zu spät,
doch schlimmer wär's, wenn ich's gar nicht tät'.
Mein Gruß erfüllt, hoff' ich immerhin,
auch so noch seinen Zweck und Sinn!

* * *

Leider trifft mein Glückwunsch verspätet ein,
umso herzlicher soll er drum sein.
Möge, was Verstand und Herz auch plant,
noch viel schöner glücken als geahnt!

* * *

Der Alzheimer hat zugeschlagen,
und mein Kalender hat vergessen zu sagen,
dass du ja hast Geburtstag gehabt!
Das zu vergessen mich mehr als schabt!

* * *

Er kann nicht sein, es ist nicht wahr,
schon wieder vorbei ein ganzes Jahr?
Ich bin meinem schlechten Zeitgefühl aufgesessen
und habe deinen Geburtstag leider vergessen!

* * *

Liebe Freundin Dorothee,
wenn ich auf den Kalender seh,
dann fällt mir ein: O jemine,
du kochst ja heut' Geburtstagstee!
So kann Freundschaft nicht gedeihen –
wirst du mir noch mal verzeihen?

* * *

Bin leider zu spät aus meinem Winterschlaf erwacht!
Sorry und herzliche Glückwünsche im Nachhinein.

* * *

Da du zeitlos schön bist, habe ich gar nicht an deinen
Geburtstag gedacht. I'm so sorry - aber für mich alterst
du einfach überhaupt nicht.

* * *

Menschenskind, das darf nicht sein,
warum fiel mir das nicht früher ein?
Du hattest doch Geburtstag dieser Tage,
ich bin ein Depp, gar keine Frage!
Ich hoff', bei der Feier wurd'st reich du beschenkt
und freust dich, wenn nachträglich wer an dich denkt.

* * *

Schon wieder April - schon wieder ein Jahr um.
O Gott, dein Geburtstag! Ja, bin ich denn dumm?
Vergessen, nicht daran gedacht, zu viel zu tun,
was mache ich jetzt, was mache ich nun?
Ich schick' meine Wünsch' und Gedanken zu dir
und hoffe, du verzeihst noch einmal mir.

* * *

Auf den Kalender trifft mein Blick,
er ist vollgeschrieben und ganz schick.
Meine Augen huschen über die Zeilen,
auf dem letzten Dienstag sie verweilen.
O Schreck, o Graus, du liebe Zeit,
wo haben meine Gedanken nur geweilt?
Wenn ich mich recht schnell spute,
wünsch ich dir zum Geburtstag alles Gute!

Hast du Kummer? Hast du Sorgen?
Soll ich dir mein Lächeln borgen?
Macht's dir Freude, bringt's dir Glück,
gib's mir irgendwann zurück!

EIN HOCH DER FREUNDSCHAFT

Gedicht für einen guten Freund

Ein neuer Tag, ein neuer Mensch,
eine neue Möglichkeit, sich selbst zu begegnen.
Deine Gene so alt wie das Leben.
Deine Erfahrung so jung wie dein Leben.
Dein Geist so alt wie das Universum.
Und dennoch erschaffst du dich
von Augenblick zu Augenblick immer wieder neu.
Habe einen wunderschönen Tag.
Genieße es besonders heute, du zu sein.

Einem Freund danken

mit einer Flasche Wein

Freunde sind das große Los.
Ohne sie, da steht man bloß.
Sind beim Umzug die Kisten zu schwer,
kommen schnell die Freunde daher.
Springt mal das Auto wieder nicht an,
hilft ein Freund und hängt ein Kabel daran.
Man kann fern der Heimat seinen Urlaub genießen,
weil daheim die Freunde die Blumen gießen.
So ist man mit Freunden nie allein,
dafür möchte ich dir danken mit einer Flasche Wein.

Ein froher Tag!

Ein Tag ohne Lachen ist ein Tag ohne Sonne.
Ein Tag voller Lachen bringt Freud' dir und Wonne.
Doch so wie die Erde zum Wachsen braucht Regen,
so braucht auch der Mensch zum Reifen die Tränen.

Das Lachen ist wichtig, und Lachen macht froh,
die menschlichen Schwächen siehst leichter du so.
Vor Freude mal weinen und auch mal vor Zorn,
doch dann sitzt das Lachen bestimmt wieder vorn.

Das Lachen dein Leben dir wieder erhellt,
wenn es dir einmal gar nicht gefällt.
Hast du jemals schon daran gedacht,
dass niemand außer dir es dir schöner macht?

Es verändern, neu planen – hast je du's versucht?
Es nützt nichts, wenn du jammerst, stöhnst oder fluchst.
Die Sterne kannst du holen, Kraft hast du, wenn du willst.
Es liegt an dir, ob du dein Leben spielst oder erfüllst.

Drum versuch's! Steh auf und erstarr' in Gewohnheit
nicht,
geh einen Schritt zur Seite – sieh alles aus einer
anderen Sicht.
Lebe dein Leben so, wie du es willst,
denn nur du kannst sagen, ob es so ist erfüllt.

Nimm dir Zeit ...

... um zu arbeiten: Es ist der Preis des Erfolges.
... um nachzudenken: Es ist die Quelle der Kraft.
... um zu spielen: Es ist das Geheimnis der Jugend.
... um zu lesen: Es ist die Grundlage des Wissens.
... um freundlich zu sein: Es ist das Tor zum
Glücklichsein.
... um zu träumen: Es ist der Weg zu den Sternen.
... um zu lieben: Es ist die wahre Lebensfreude.
... um froh zu sein: Es ist die Musik der Seele.
Aus Irland

Die sichere Bank

Für deine Freundschaft vielen Dank,
das ist wie eine sichere Bank.
Verlassen kann ich mich immer auf dich,
ich hoffe, dass dies nie wird ändern sich.

Jemand haben

Das Schönste an einer Freundschaft
ist nicht die ausgestreckte Hand,
das freundliche Lächeln
oder der menschliche Kontakt,
sondern das erhabene Gefühl,
jemanden zu haben,
der einem glaubt und einem sein Vertrauen schenkt.

Ein dreifaches Hoch auf dich,
auf dich kann ich immer verlassen mich.
Nochmals herzlichen Dank für deine Hilfe.

* * *

Wo immer du bist, was immer du tust,
ob du lachen oder weinen musst,
ob jemand dich liebt oder alle dich hassen:
Auf mich kannst du dich stets verlassen!

* * *

Ein Tag, der ohne Lachen war,
bringt leicht die Schönheit in Gefahr.
Er macht dir Falten ins Gesicht,
darum lache viel, vergiss das nicht!

* * *

Dieses E-Mail ist für früh am Morgen,
es vertreibt den Stress und deine Sorgen.
Und bringt es dir dann auch noch Glück,
hab ich es gerne dir geschickt.

* * *

Wenn du jemals ganz alleine bist
und nirgendwo einen Ausweg siehst,
dann sende ein Mail zu mir,
denn - egal was passiert - ich helfe dir!

* * *

Freunde zu haben bedeutet viel im Leben,
doch muss man die Freundschaft pflegen.
Darum will ich dir endlich mal sagen,
wie schön es ist, dich zum Freund zu haben.

* * *

Wenn uns auch 1000 Meilen trennen,
bin ich total froh, dass wir uns kennen.
Du gehörst zu den Menschen, die man nie vergisst,
weil du was ganz Besonderes bist.

IN VERBINDUNG BLEIBEN PER SMS

Freunde sind wie Sterne!
Du kannst sie nicht immer sehen,
aber du weißt, sie sind immer für dich da.

* * *

Ich habe gerade im Himmel angerufen
und gefragt, ob ein Engel fehlt,
denn so was Liebes wie dich
kann es auf dieser Welt nicht geben.

* * *

Lieber Rotwein als tot sein.
Kommst du auf ein Gläschen zu mir?

* * *

Du bist mein Tagebuch,
denn ich kann dir alles anvertrauen.

* * *

Freunde sind derart wichtig,
dass man nicht beschreiben kann, wie wichtig sie sind!
Und du bist unbeschreiblich wichtig!

* * *

Freunde sind wie Sterne, es sind so viele da,
aber nur wenige leuchten so heraus wie du!
Du bist eine super Freundin!

* * *

Du bist aus tiefem Schlaf erwacht,
und viel zu kurz war die Nacht.
Doch jetzt vergiss erst mal die Sorgen:
Ich wünsche dir einen wunderschönen Morgen!

Ein kleiner Gruß, ein Sonnenstrahl,
den send' ich dir, melde dich mal.

* * *

Am wertvollsten sind die Menschen, die es schaffen,
anderen ein Lächeln ins Gesicht zu zaubern – so wie du.

* * *

Einige Dinge kann man messen, um sie zu werten,
andere muss man erfahren:
Dich muss man erleben, um zu merken, dass du
unbezahlbar bist.

* * *

Habe einen Anruf aus dem Himmel bekommen.
Sie vermissen dort einen Engel …
Aber keine Angst: Ich hab dich nicht verraten!

EIGENES HEIM – GLÜCK ALLEIN

Brot, Salz, Wein

Heute ist es endlich so weit,
euer Häuschen ist bereit.
Es ist zwar noch von der Bank beliehen,
doch ihr dürft bereits einziehen.
Ihr sollt darin sehr glücklich sein,
drum schenken wir euch Brot, Salz und Wein.

* * *

Brot, Salz

Fest gemauert in der Erden
steht das Haus, aus Lehm gebrannt.
Euer Eigen soll's mal werden,
darauf sind wir sehr gespannt.
Zum Einzug bringen wir euch Brot und Salz
und wünschen euch: Gott erhalt's.

Glück und Zufriedenheit,
keinen Zank und keinen Streit,
dass der Hauswirt für die Miete
dir auch wirklich ein'ges biete,
dass Handwerker keinen Ärger machen
und du beim Treppenputz kannst lachen,
dass deinen Müll du stets trägst runter
und dabei immer bleibst so munter!

* * *

Für deinen Einzug in deine neue Wohnung: Keine Sorgen
und liebe Nachbarn, die dir Nahrungsmittel borgen.

* * *

Ist sie auch nur klein,
so ist sie doch dein.
Endlich wohnst du alleine!
Auch die Miete, die ist deine.
Deine Nachbarn sind hoffentlich nett.
Am besten, du hast bei ihnen ein'n Stein im Brett.
Mögen sich all' deine Wünsche erfüllen,
sich alles wenden nach deinem Willen,
mögest du froh und zufrieden sein
in deinem neuen eigenen Heim.

* * *

Fröhlichkeit und Zufriedenheit
wünschen wir dir alle Zeit.
Gute Laune und viel Glück!
Keinen Blick du wirfst zurück.
Starkes Herz, gesunde Knochen
und im Kühlschrank was zum Kochen.
Das wünschen wir dir, ist doch klar,
denn du bist wirklich wunderbar.

Heute ist die große Stunde!
erwartungsvoll schau'n wir in die Runde.
Fertig ist euer Eigenheim,
ihr sollt darin sehr glücklich sein.

* * *

mit einem Geschenk

Vollbracht ist euer großer Traum –
liebe Leut', man glaubt es kaum.
Glück und Gesundheit sollt ihr haben,
und euch an unserem Mitgebrachten laben.

* * *

Dieses Haus nennt ihr nun euer,
und es war auch gar nicht teuer!
Glücklich sollt ihr hier nun wohnen,
und für eure Freunde soll es sich lohnen.

* * *

Laut erschallt's wie Donnerschlag:
Bald ist schon der große Tag.
Du ziehst in die neue Bude ein,
sie soll stets heim'lig und sauber sein.
Beim Umzug helfen wir dir gerne,
deine Freunde aus Nähe und Ferne.

* * *

Stolz ragen die Balken zum Himmel,
doch angefangen hat es mit einem Fimmel!
Euer eigenes Heim, euer eigenes Haus,
davon gingt ihr schon vor Jahren aus.
Endlich wird der gemeinsame Traum nun wahr,
wir gratulieren und finden es wunderbar.

Endlich ist euer Traum so weit,
euer Häuschen steht zum Einzug bereit.
Lange habt ihr geplant und gespart,
und jetzt: Da steht es, sehr apart.
Euer Leben lang sollt ihr hier glücklich sein
ohne Kummer, Sorge und Pein.

* * *

Flaschenöffner, Sofakissen
möchtest du wohl nicht vermissen.
Fernbedienung und Kerzenlicht,
drauf verzichtest du jetzt nicht.
Dosensuppe und Knäckebrot
brauchst du für die größte Not.
Jetzt hast du alles, um glücklich zu sein,
das andere stellt sich im Lauf der Zeit ein.

GUTE WÜNSCHE FÜR DEN RUHESTAND

Das Rentnerdasein

Rentner sein, das wird sehr schön,
kannst schon früh spazieren geh'n.
Morgens kannst du im Bette bleiben
und tagsüber dir die Zeit vertreiben.
Du kannst Nachmittags-Shows im Fernsehen seh'n
und dich trauen, mal spät ins Bett zu geh'n.
Du kannst Urlaub machen, wann du willst.
Und wenn du dich einmal nicht so fühlst,
dann legst du dich einfach auf's Sofa nieder
und erhebst erst später wieder deine Glieder.
Lieber Martin, du wirst seh'n,
das Rentnerleben, das wird schön.

Der verdiente Ruhestand

mit einem Geschenk

25 Jahre hast du in der Firma geschafft,
hast dir ein paar Kröten zusammengerafft.
Jetzt gehst du in den Ruhestand,
hast endlich Zeit für allerhand.

25 Jahre warst du hier,
dafür danken wir alle dir.
Du warst freundlich und hilfsbereit,
gleich, sofort und zu jeder Zeit.

Deine Arbeit war immer sehr gut,
den Kollegen gabst du Tipps und Mut.
Wir können dir heut' nicht verhehlen,
du wirst uns sehr, sehr fehlen.

Wir gönnen dir dein Rentnerleben,
drum woll'n wir dies Geschenk dir geben.

Oder:

Dies Geschenk soll dein Rentnerdasein versüßen,
damit kannst du es gut genießen.

Ende einer Ära

Eine Ära ist nun aus:
Franz, der bleibt ab jetzt zu Haus.
Nie mehr wird er in die Firma geh'n,
das ist traurig, ihr werdet seh'n.

Ein Kollege geht nun verloren,
und ein Rentner ist geboren.
Lieselotte, seine Angetraute,
hat, wie sie mir anvertraute,

viel Arbeit für ihn angesammelt,
damit er nicht bei ihr rumgammelt.
Doch, lieber Franz, denk immer dran:
Heut' fängt ein neuer Lebensabschnitt an.

Füll ihn mit Inhalt nach deinem Sinn,
so wird die Zukunft für dich ein Gewinn.

Schönes Rentnerleben

mit einem Geschenk

Rentner werden ist sehr schwer,
Rentner sein? Ach, noch viel mehr.
Was machst du mit der vielen Zeit,
die nun steht für dich bereit?

Wofür stehst du morgens auf?
Machst du abends einen drauf?
Wie wirst du deine Stunden füllen,
ohne dich mit Fernseh'n zuzumüllen?

Hier ist ein Geschenk für dich,
das hilft dir dabei sicherlich,
das neue Leben zu genießen,
viel mehr, als heute du kannst wissen.

Endlich frei

Die beruflichen Fesseln wirst du heut' los,
die Knute schwingt deine Frau nur noch bloß.
Als Rentner hast du alle Zeit,
doch ihr Arbeitszettel liegt schon bereit.
Dabei hat sie nur an dich gedacht,
denn »Wer rastet, der rostet« – schon über Nacht.
Drum mache ich mir keine Sorgen um dich,
denn das Rentnerleben hält dich fit sicherlich.

Der eigene Chef

Dein Rentenalter ist erreicht,
drum nimm das Leben ab jetzt leicht.
Verantwortung musst du nicht mehr tragen,
noch Hinz und Kunz nach seiner Meinung fragen.
Die Gestaltung des Tages liegt bei dir –
ob du raus gehst oder ob zu bleibt die Tür.
Deine Hobbys kannst du ausführlich pflegen,
deine Enkelkinder, Kinder und Frau mehr hegen.
Ab heute bist du dein eigener Boss.
Nun mach was draus und nutz es bloß!

* * *

Endlich ist es auch für dich so weit:
Ab heute beginnt deine Rentnerzeit.
Du kannst tun und lassen, was du magst,
der Tag verläuft so, wie du sagst.
Du kannst fischen gehen oder tanzen,
Hasen jagen oder Wanzen,
an die Uni gehen, Sprachen lernen
oder reisen in die weiten Fernen.
Kurzum, Peter, nimm alles mit,
denn ab heute bis du deines Glückes Schmied.

Es gibt viele Engel im Himmel,
aber nur einen auf Erden,
und mit dem will ich glücklich werden!

LIEBESGEDICHTE

Liebe schenkt Geborgenheit

Deine Liebe ist wie der Sonnenschein
und hüllt mich wie ein Kokon so wärmend ein.
Deine Liebe ist wie unsere schöne Erde,
auf dass ich immer beschützt werde.
Deine Liebe ist wie das Wasser so klar,
deine Liebe ist einfach wunderbar.
Deine Liebe ist ganz alleine für mich,
darum liebe ich dich.

Bedingungslose Liebe

Liebst du mich, dann lieb ich dich –
liebe Leut', so geht das nicht!
Liebe heißt sich selber schenken
und an das Wohl des anderen denken.
Das Leben ist oft hart und beschwerlich,
und so manche Dinge sind begehrlich.
Doch Gesundheit, Freunde und langes Leben
kann dir für Geld ja niemand geben.
Drum denk immer dran, was wichtig ist
und ob du jemandes Freund auch bist.
Denn nur Freunde helfen dir jederzeit,
wenn auch du bist für sie bereit.

Partnerschaft

Liebe heißt, sich einander zu geben
und bei Fehlern verzeih'n und vergeben.
Liebe heißt, einander verstehen
und auch nach dem andren zu sehen.
Ich freu' mich auf eine lange Zeit mit dir,
viel' schöne gemeinsame Jahre wünsche ich mir.

Liebe wächst

Liebe heißt zu sagen, was man vom anderen erwartet –
nicht, dass der was ganz anderes startet!
Liebe heißt offen zu sein,
dass der andere findet seinen Weg allein.
Liebe heißt vertrauen
und auf den anderen bauen.
Deshalb müssen wir unsere Liebe pflegen,
gießen, wachsen lassen und auch hegen.
Das alles wünsch' ich mir
und hoff' auf ein langes Leben mit dir.

Liebe macht alles möglich

Was lässt mir große Flügel wachsen?
Was lässt mich fröhlich sein und lachen?
Was lässt mich tanzen und auch singen?
Was lässt mich unerwartet in die Höhe springen?
Was hält mich im Winter mollig warm?
Was gibt mir Geduld, Stärke und Kraft?
Deine Liebe!

Liebe gibt Halt

Jeden Tag die gleiche Leier,
nur malochen, keine Feier.
Ärger mit den lieben Kollegen,
das Auto wollte sich auch nicht bewegen.
Mieses Wetter, was für ein Graus,
hoffentlich komme ich bald nach Haus!
Dann mach' ich die Tür auf und sehe dich –
und der Tag ist gerettet für mich!
Jetzt bin ich nicht mehr verlassen und allein,
denn deine Liebe hüllt wärmend mich ein.

Höhen und Tiefen der Liebe

Liebe ist die größte Macht im Leben.
Liebe heißt, aufeinander Acht zu geben.
Wichtig ist nicht auf sich selbst der Blick,
im Vordergrund steht des anderen Glück.
Liebe heißt Geborgenheit geben
und nach Harmonie zu streben.
Dazu gehören auch Streiten und Zanken –
und jeden Tag für die Liebe des anderen danken.

LIEBESGRÜSSE AM PC

Ich bin eine »Gute-Nacht-Mail«!
Und werde über deine Träume wachen,
während du schläfst.
Du musst mich dazu an dein Herz drücken
und an meinen Absender denken.

* * *

Leuchtendes Sternchen am Himmelszelt,
sag ihr, dass sie mir so fehlt.
Pass auf sie auf die ganze Nacht,
bis sie morgen früh erwacht.

An einen besonderen Menschen möchte ich heute denken
und ihm meine ganze Liebe von Herzen schenken.
Ich hoffe, du erhörst mich,
denn ich liebe nur dich.

* * *

Du bist für mich das Ass der Asse.
Du bist ganz einfach superklasse.
Und ohne dich wär' leer mein Leben –
was heißen soll: Ich mag dich eben!

* * *

Ich sende dir 'ne Wolke, die dich zudeckt,
einen Stern, der dir die Nacht erhellt,
einen Mond, der dich bewacht,
süße Träume! Gute Nacht!

* * *

Müde bin ich, geh zur Ruh',
denk' an dich und deck' mich zu.
Nun liege ich da so allein,
wie gerne würd' ich bei dir sein.

* * *

I want to have you by my side,
without you I can't sleep at night.
The only thing I want to do
is to be in love with you!

* * *

Es gibt Menschen, die brauche ich.
Es gibt Menschen, die liebe ich.
Und es gibt Menschen wie dich,
die brauche ich, weil ich sie liebe!

* * *

Kann nicht schlafen, kann nicht essen,
kann deine Augen nicht vergessen.
Die Zeit steht still, du bist so fern,
du fehlst mir so, mein kleiner Stern!

Wenn deine Liebe zu mir ein Traum ist,
möchte ich niemals aufwachen.
Und wenn sie wahr ist,
lass mich bitte nie einschlafen.

* * *

Wenn du in den Himmel schaust
und dir dort ein Sternchen klaust,
gib ihm einen Kuss und denk an mich,
denn das Sternchen, das bin ich!

* * *

Wie ein Nike ohne Air,
wie ein Gummi ohne Bär,
wie ein Dusch ohne Das,
wie ein Kontra ohne Bass,
wie die Sonne ohne Stich,
so wär' mein Leben ohne dich!

* * *

Ich liebe dir, ich liebe dich,
wie man das schreibt, das weiß ich nicht.
Ist die Grammatik auch nicht richtig,
ich liebe dir und das ist wichtig.

* * *

Für dich würde ich Berge versetzen,
dich - dich würde ich nie verletzen.
Für dich, da würde ich alles riskieren,
denn dich will ich nie wieder verlieren.

* * *

Mein Herz, tiefblau, schimmernd wie der Ozean,
du gleitest sanft in deinem Kahn.
Du bist es, der mein Herz berührt
und mich mit Stolz und Liebe kürt!

Du bist so süß wie der Honig der Bienen.
Du bist so knackig wie das Knäckebrot vom Bäcker.
Du bist so einmalig wie der heutige Tag!

* * *

Blumen brauchen Sonnenschein,
und ich brauche dich zum Fröhlichsein!
Dies ist eine Glücks-E-Mail.
Dreimal durchatmen,
dann an mich denken,
hält ca. zwei bis drei Stunden ...,
dann einfach noch mal lesen!

* * *

Für dich würde ich mailend im Regen stehen,
barfuss über Scherben gehen.
Für dich, mein Schatz, zerreiß' ich mich,
solang du mailst: Ich liebe dich!

* * *

Erotik-Mails in später Nacht
hätten dich um den Schlaf gebracht.
Drum schreib ich dir von 1000 Schafen,
dann kannst du sicher besser schlafen!

* * *

Gute Nacht, mein süßes Herz,
ich spür' schon jetzt den Trennungsschmerz.
Schlafe schön und träum von mir,
wie gerne wär' ich jetzt bei dir!

Eines Nachts beim Sternezählen,
merkte ich, dass zweie fehlen.
Als ich jedoch vor dir stand,
als Augen ich sie wieder fand!

* * *

Dieses E-Mail soll dir beweisen,
dass ich überallhin mit dir würd' reisen.
Dank dir fühl' ich mich neu geboren,
ohne dich wär' ich total verloren!

* * *

Dies ist ein kleiner Liebesbrief,
braucht nicht viel Platz, geht aber tief.
Lässt viel Platz und ganz viel Raum
für 'nen bunten Tag und 'nen wilden Traum.

* * *

Wenn du mich streichelst, weht ein Orkan.
Mit dir zu schmusen ist der Wahn!
Dich zu lieben, geliebt zu werden,
ist das größte Glück auf Erden!

* * *

Ich habe dich so furchtbar gern,
klau vom Himmel dir 'nen Stern!
Für dein Lächeln, musst mir's glauben,
würd' ich sogar die Sonne rauben!

LIEBESGRÜSSE ÜBERS HANDY

The day I will stop loving you,
is the day when I close my eyes 4ever.

* * *

Ich bin süchtig nach deiner Liebe –
die Telefonrechnung ist mein Zeuge.

Du bist mein erster Gedanke am Morgen
und mein letzter am Abend
und einige heiße zwischendurch!

* * *

Wenn zwei kleine Regentropfen
leise an dein Fenster klopfen,
so denke still an mich –
das ist ein lieber Kuss für dich.

* * *

Dies ist ein Gutschein für unendlich viele Küsse von mir.
Einzulösen bis spätestens morgen!

* * *

Every morning, every night,
I´ll think of you to feel all right.

* * *

Give your smile to everyone,
but give your love to only one!

* * *

Dein Lächeln bezaubert mich,
deshalb freue ich mich heute Abend auf dich.

* * *

Deine strahlenden Augen, deine seidene Haut,
das ist es, was mich vom Hocker haut.

* * *

Wenn du eine meiner Tränen wärst,
würde ich nie wieder weinen –
aus Angst, dich zu verlieren.

* * *

Jeder Mensch hat irgendwo etwas Besonderes,
doch du, du bist etwas Besonderes.

Wollt' dich nur mal grüßen,
dir den Tag versüßen,
sagen: You are so sweet –
hab' dich einfach lieb!

* * *

All' meine Gedanken dreh'n sich um dich.
Alles Frühere ist nicht mehr wichtig für mich.

* * *

Nie hätt' ich geglaubt, dass es so was gibt.
Ich hab' mich unsterblich in dich verliebt.

* * *

Nicht I love you, nicht je t'aime –
einfach nur: Ich hab' dich gern!!

* * *

Wenn dein schönes Auge grüßt und lacht
wie eine Sonne in der Nacht,
ich ziehe schnell dein Herz an mich
und flüstere leise: Ich liebe dich!

* * *

Rosen wollte ich dir schenken,
doch die musst du dir nun denken.
Ein Blumengruß, der sollte sein,
doch dein Display ist zu klein.

* * *

In der Nähe, in der Ferne
denkt ein kleines Herz an dich.
Hat dich lieb und hat dich gerne,
denkt das deine auch an mich?

* * *

Ich will nur das Beste für dich,
und das Beste, das bin ich!

Immer wenn dein Name mein Display erleuchtet,
mein Herz vor Freude höher schlägt
und die Falter im Bauch rumfliegen,
dann weiß ich, ich werde dich immer lieben!

* * *

Ich rede mit der Couch,
flirte mit dem Fernseher
und frühstücke mit dem Toaster.
Bevor ich noch ein Verhältnis
mit dem Staubsauger anfange, melde dich!

* * *

Diese Mail, die kommt von mir,
weil meine Gedanken sind bei dir.
Meine Gedanken freu'n sich drauf,
denn bald bist du wieder zu Haus.

* * *

Nicht die Schönheit entscheidet, wen ich liebe,
sondern meine Liebe entscheidet, wen ich schön finde!

* * *

Stell dir das Süßeste vor,
multipliziere es mit der Unendlichkeit
und erweitere es um die Ewigkeit –
und du hast den Hauch einer Ahnung, wie süß du bist.

* * *

Wollte dir etwas unbeschreiblich Schönes, Liebes,
Einfühlsames, Heißes, Erotisches und Kluges senden.
Aber leider passe ich nicht aufs Display!

* * *

Love is a name, sex is a game.
So say the name and play the game.

Ich würde wandern durch jede Wüste.
Ich würde schwimmen durch jedes Meer.
Ich würd' mich sofort in dich verlieben,
wenn ich's nicht schon wär´!

* * *

Ich bin kein Held, ich bin kein Dieb,
doch habe ich dich schrecklich lieb.
Ich bin verrückt, manchmal gemein,
doch mein Herz ist auf ewig dein.

* * *

Du süßer kleiner Gummibär,
dich nicht zu beißen fällt mir schwer!
Dein Gummiohr, das möcht' ich küssen,
ich liebe dich, das musst du wissen!

* * *

Habe gekündigt. Werde Astronaut,
damit ich dir die Sterne vom Himmel
holen kann!!

* * *

Vergiss Osten! Da, wo du bist,
geht für mich die Sonne auf!

* * *

Für immer du.
Für immer ich.
Schlaf schön, mein Engel,
ich liebe dich.

Du gibst mir Wärme und Energie,
du bist die Sonne in meiner Galaxie.

* * *

Hallo! Hier kommt ein SMS-Busserl
Das Handy ganz zart an deine Wange drücken …
(Schmatz) … bei Bedarf mehrmals täglich anwenden.

* * *

An einen besonderen Menschen möchte ich heute denken
und ihm meine ganze Liebe von Herzen schenken.
Ich hoffe, du erhörst mich,
denn ich liebe nur dich.

* * *

Mit dir zu zweit im Mondenschein –
so könnt ich ewig glücklich sein.

* * *

Ich sage dich, ich liebe dir,
denn ohne du kann ich nicht bin!

* * *

Schlafe schön, mein Teddybärchen,
du bist der Prinz in meinem Märchen.
Drum heb den Kopf, sieh in die Sterne,
denn ich hab dich so gerne.

* * *

Ein Leben ohne Liebe ist einsam,
ein Leben ohne Hoffnung ist grausam.
Ein Leben ohne dich nicht lebenswert.

* * *

An Rheuma und an wahre Liebe glaubt man erst,
wenn man davon befallen wird.

* * *

Man sagt, die schönsten und wertvollsten Dinge findet
man in der Erde.
Aber ich kann dich doch jetzt nicht einfach einbuddeln!

Achtung! Dies ist eine selbst denkende SMS.
Sie sucht den liebsten Menschen, den man
sich denken kann. Dich hat's erwischt – zu Recht!

* * *

Ich wusste, dass 1 Tag 24 Std., 1 Std. 60 Min.
und 1 Min. 60 Sek. hat!
Aber nicht, dass 1 Sek. ohne dich eine Ewigkeit ist!

* * *

Deine Hände stehen für Zärtlichkeit.
Deine Arme für Geborgenheit.
Dein Körper für Wärme.
In deinen Augen leuchten die Sterne.

* * *

Bin vor Schreck erwacht,
habe nur an dich gedacht!
Kann nicht schlafen, nur ganz schwer,
vermiss' dich einfach so sehr.

* * *

Würde jetzt gerne mit dir kuscheln,
ein bisschen in deinen Haaren wuscheln.
Dich einfach streicheln und dich küssen.
Doch alles, was ich habe, ist mein Kissen!

* * *

Ich wünschte, du könntest bei mir sein,
dann wäre ich nicht so furchtbar allein.
Vermisse dich so sehr,
aber lieben tu' ich dich noch mehr!

* * *

Can´t you see the love grows in my eyes?
Where life will take you I will be there
because you're my angel – I love you!

* * *

Got no clue
what I should do –
but I'll go crazy if I can't get next to you!!!

Baby, climb with me on the rainbow of dreams
through the clouds of joy and the warm rain of fortune
into a heaven of unlimited longing and endless love!

* * *

I miss you, I love you, I will always think of you,
I will always pray for you. I will do everything for you!
Please come back as soon as you can!

* * *

Baby, come to me, hug me, kiss me, feel me -
'cause there is no one else in this world
who can do it better than you ... I love you.

* * *

Your hand in mine, an endless dream,
slow, deep and hard, I feel your lips, taste your kiss
and hope this night will never end.

* * *

I must have been born under a lucky star,
to find a friend as nice as you are.
And I follow the rainbow to the end,
if you promise forever to be my friend!

* * *

Of all the girls I ever met,
You're the one I won't forget
as long as we stay together,
today, tomorrow, now and forever!

* * *

I dream of you every night,
I wish I could spend every second by your side.
When I drift to sleep images invade my dreams
and I dance the night away.

* * *

Living in a dream of you and me
isn't the way my life should be
I don't want to cry a tear for you.
So forgive me if I do but I've nothing if I haven't you.

I'M SO SORRY – FORGIVE ME!

Zeig mir den Weg zu deinem Herzen,
denn dort möchte ich hinein.
Zeig mir den Weg zu deiner Liebe,
und du wirst nie mehr einsam sein!
Bitte gib mir noch eine Chance!

* * *

Liebe ist das einzige Geschenk, das umso größer wird,
je mehr man davon verschenkt.
Ich überschütte dich damit!
Bitte verzeih mir und weise mich nicht zurück!

* * *

Das Leben ohne dich ist schwer,
und du weißt genau, wo ich jetzt gerne wär'.
Vermisse dich tierisch, schrecklich, wie verrückt.
Bitte verzeih mir und nimm mich zurück!

* * *

Welches Licht ist Licht, wenn du es mir nicht zeigst?
Welche Freude ist Freude, wenn du nicht da bist?
Komm bitte zurück! Es tut mir so Leid!

* * *

Der große Nachteil, dass Engel Flügel haben, liegt darin: Sie können leider genauso schnell wieder verschwinden, wie sie gekommen sind. Ich war ein Idiot! Bitte melde dich!

* * *

Trampeltier und Vollidiot,
Esel, Depp und auch Despot –
alle Beschimpfungen auf mich passen,
aber bitte: Tu mich nicht mehr hassen!

Euer Leben läuft nach einem festen Plan,
gut überlegt und dann getan.
Erst habt ihr eine Familie gegründet,
die dann in den Hausbau hat gemündet.
Mög's auch weiterlaufen, wie ihr wollt,
Glück, Gesundheit und Zuversicht sei'n euch hold.

GLÜCKWÜNSCHE ZUR HOCHZEIT

Dem lieben Brautpaar

Wenn ihr gefreit, bedenkt das eine:
Ein Ehepaar hat meist vier Beine,
und außerdem zwei Köpfe, immer -
und das ist schlimmer!

* * *

Lieber Martin, ein guter Ehemann muss studiert haben:

1. Theologie - um Gardinenpredigten besser würdigen zu können,
2. Jura - um zu begreifen, dass Frauen immer Recht haben,
3. Medizin - um seine Frau richtig behandeln zu können,
4. Philosophie - um Frauenlogik gründlich zu verstehen,
5. Mathematik - um zu wissen, dass Frauen unberechenbar sind,
6. Geometrie - um jeden Winkel im Herzen seiner Frau entdecken zu können,
7. Meteorologie - um zu merken, wann Sturm und Gewitter im Anzug sind,
8. Arithmetik - um zu entdecken, wenn seine Frau ihm ein X für ein U vormachen will,
9. Strategie - um zu lernen, dass Angriff die beste Verteidigung ist,

10. Poesie – um sich aus allen Ungereimtheiten seiner Frau den richtigen Vers machen zu können,
11. Astronomie – um in ihren Augensternen lesen zu können, und schließlich
12. Musik – um ihr erforderlichenfalls die Flötentöne beizubringen und trotzdem das Lob seiner Frau in allen Tönen singen zu können. Außerdem ist das Wissen um Dissonanz und Harmonie im Eheleben sehr wichtig. Den Takt muss der Mann besitzen – er muss ihn vor allem auch angeben können.

Duett

Geliebte Sabine, komm und hör:
Ich liebe, wie du weißt, dich sehr.
Ich bin der Mann, der nie vergisst,
dass du mein liebes Weibchen bist.
Doch merke dir den Spruch von Goethe:
Im Hause bläst der Mann die Flöte.

Mein lieber Jochen, wie schön das ist,
dass du auch musikalisch bist.
Ich sage dir, als Dirigent
hab' ich ein mächtiges Talent.
So schlag' ich dir in aller Ruh
mit Kochlöffeln den Takt dazu.

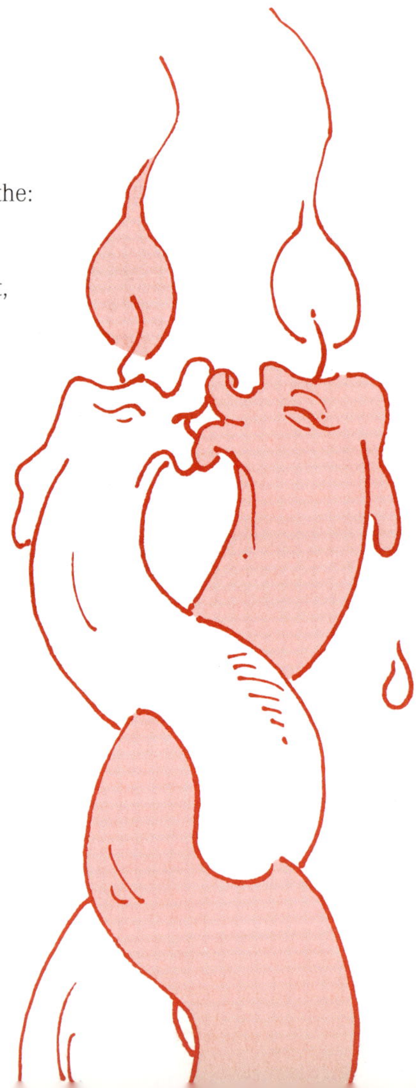

mit Scherz- und Geldgeschenken

Unsere guten Wünsche zur Hochzeit

Wir wünschen, dass keiner von euch aus dem Rahmen fällt. *Bilderrahmen*

Wir wünschen euch, dass ihr immer einen klaren Durchblick habt. *Fensterputzmittel*

Wir wünschen euch, dass es in eurer Ehe nie einen Ausrutscher gibt. *Streusalz*

Wir wünschen euch, dass ihr immer sauber bleibt. *Seife*

Wir wünschen euch, dass eure Ehe wie geschmiert läuft. *Öl*

Wir wünschen euch, dass in eurer Ehe jeder einmal zu Wort kommt. *Pflaster*

Wir wünschen ihm, dass sie nie Kopfschmerzen hat. *Aspirin*

Wir wünschen euch, dass jeder von euch weiß, wo es langgeht. *Wegweiser*

Wir wünschen euch, dass ihr von nun an alles gemeinsam macht. *Besen mit zwei Stielen*

Wir wünschen euch, dass eure Kinder nicht den Bürstenkopf des Vaters erben. *Gemüsebürste*

Wir wünschen, dass euch dieser Kies niemals ausgeht. *Centstücke bzw. Geldgeschenk*

Wir wünschen uns, dass wir in 25 Jahren wieder mit euch ein Fest feiern.

Während des Vortrags werden alle aufgezählten Gegenstände überreicht. Das wirkt besonders gut, wenn elf Freunde sich nebeneinander vor dem Brautpaar aufbauen und nach und nach mit je einer Textzeile ihre Gaben präsentieren.

Gute Wünsche

Was ihr euch ersehnt seit einiger Zeit,
es wurde heute Wirklichkeit.
Der schönste Traum, er wurde wahr –
ihr zwei seid jetzt ein Ehepaar.

* * *

Wir wünschen euch von Herzen nun:
Gottes Segen möge auf euch ruh'n!

* * *

Lasst euch stets von der Liebe leiten.
Ihr sollt in guten wie in schlechten Zeiten
immer treu zusammensteh'n
und so durchs ganze Leben geh'n.

Liebe geht durch den Magen

mit einem Kochbuch

Es wird behauptet, und mit Grund,
ein nützlich Werkzeug sei der Mund!

Zum ersten: Wenn es grad' von Nöten,
kann man ihn spitzen, um zu flöten.
Sitzt dann der Schatz auch mal allein,
dies wird ihm Unterhaltung sein!

Zum zweiten lässt der Mund sich brauchen,
wenn's irgend passend, um zu rauchen.
Dies kannst du deinem guten Gatten,
der darum bittet, wohl gestatten.

Zum dritten ist es kein Verbrechen,
den Mund zu öffnen, um zu sprechen.
Vermeide nur Gemütserregung,
sprich lieber sanft mit Überlegung.
Denn mancher hat sich schon beklagt:
»Ach, hätt' ich das doch nicht gesagt!«

Zum vierten, wie wir alle wissen,
so eignet sich der Mund zum Küssen.
Sei's offen oder sei's verhohlen,
gegeben oder nur gestohlen,
ausdrücklich oder nebenher,
beim Scheiden oder Wiederkehr,
im Frieden und in Kriegeszeiten:
Ein Kuss hat seine guten Seiten!

Zum Schluss jedoch, nicht zu vergessen:
Hauptsächlich dient der Mund zum Essen!
Gar lieblich dringen aus der Küche
bis an das Herz die Wohlgerüche.
Hier kann die Zunge fein und scharf
sich nützlich machen, und sie darf!
Hier durch Gebröttel und Gebrittel
bereitet man die Zaubermittel
in Töpfen, Pfannen oder Kesseln,
um ewig den Gemahl zu fesseln.
Von hier aus herrscht mit schlauem Sinn
die Haus- und Herzenskönigin.

Lieb's Bräutchen! Halt dich wohlgemut,
regiere mild – und koche gut!

Wilhelm Busch

Mutter

»Mutter« ist der schönste Name
auf dem weiten Erdengrund.
Zärtlich, oft wird er gerufen,
leise aus der Kinder Mund.
Leise nur wird er gesprochen,
wenn bang und traurig ist das Herz,
Hilfe suchend oft gerufen,
wenn dich drückt die Not, der Schmerz.
Wenn die Mutter ist dann selber
von der Arbeit müd' und alt,
der Muttername bleibe heilig,
dann denk zurück und gib ihr Halt.
Du hast mich stets mit deiner Liebe
behütet, beschützt ein Leben lang.
Drum sag ich heut' am Muttertag:
Für deine Güte und Treue hab' Dank.

Goldenes Herz

Ist das Baby süß und klein,
ist das Mutterglück noch rein.
Größer werden die lieben Kleinen –
wie die Sorgen und die Peinen.
»Endlich werden sie vernünftig«,
denkt die Mutter, »das wird zünftig!«
Doch was kommt da mit der Post?
Eine Einladung vom Lehrer – na dann Prost!
Und wenn dann die Schule ist vorbei,
ist es der Mutter nicht einerlei.
Die Ausbildung und dann eine Position –
das wünscht sie für ihr Kind dann schon.
Einen Ehepartner, danach ein Haus,
die Enkelkinder bleiben nicht aus.
Immer bibbert sie mit ihrem Kind,
wofür diese ihr auch sehr dankbar sind.

Mama für alle Fälle

Durch das erste zarte Liebesband
sind Kinder außer Rand und Band.
Ist das Liebesglück gebrochen,
kommt man zur Mama gekrochen.
Diese tröstet und fühlt mit,
repariert das Herz mit liebevollem Kitt.
Führerscheinprüfung und Examen,
Mutter fiebert mit – so, wie sie kamen.
Doch verlassen die Kinder ihr heimeliges Nest,
bleibt der Mutter nur noch der klägliche Rest.
Mit Anrufen, Karten und Besuchen erfreut,
die Mutter ihre Mühen niemals bereut.
Drum denk' ich an dich an diesem Tag
und sag' dir mit Blumen, wie sehr ich dich mag.

Mutterliebe

Mutterliebe kümmert sich,
umarmt, liebkost und tröstet dich.
Mutterliebe bleibt für immer,
kommt es auch noch immer schlimmer.
Mutterliebe ist stets für dich da,
ob in der Ferne oder ganz nah.
Mutterliebe ist das Selbstloseste auf der Welt,
das bekommt man für kein Geld.
Mutterliebe ist so wichtig für's Leben,
soll sie doch Achtung, Mitgefühl und Sicherheit geben.
Mutterliebe wird selten bedacht,
obwohl sie uns so glücklich macht.
Mutterliebe wollen wir heute anerkennen
und dich zur besten Mutter der Welt ernennen.

Danke

mit einem Blumenstrauß

Dieser bunte Frühlingsstrauß hier
soll dir sagen der Dinge vier.
Du bist die tollste Mutter auf Erden
und sollst weit über 100 werden.
Die liebste Mutti bist du obendrein,
weil du für uns kochst so fein.
Die größte Mutter bist du ohne Zweifel,
du fürchtest weder Tod noch Teufel.
Der beste Mensch auf der Welt bist du,
deshalb rufen wir laut: Juhu!

GEDANKEN ZUR SILBERHOCHZEIT

Der lange Weg zur Silberhochzeit

Heute wollen wir gedenken
eines Paares froh bewegt,
woll'n ihm uns're Wünsche schenken,
das den Schmuck des Silbers trägt.
Zündet an der Freude Kerzen,
bringt ihm heiße Wünsche dar:
Seid gegrüßt von ganzem Herzen.
Sei gegrüßt, du liebes Paar!

Euer Bild trugt ihr voll Bangen
einst in eurer Herzen Grund,
bis das sehnende Verlangen
euch die Lippe machte kund.
Und des Herzens sel'ge Triebe
macht ein Ringlein offenbar –:
Sei gegrüßt im Schmuck der Liebe,
sei gegrüßt, du bräutlich Paar.

Und dann kam die hehre Stunde,
deren Schimmer nie verbleicht,
da ihr euch zum ew'gen Bunde
habet Herz und Hand gereicht.

Da euch neue, hohe Würde
gab das »Ja« vor dem Altar:
Seid gegrüßt im Schmuck der Myrte,
sei gegrüßt, du junges Paar!

Fünfundzwanzig lange Jahre
flossen nun ins Meer der Zeit.
Und sie brachten unserm Paare
Glück und Freude, Schmerz und Leid.
Doch ihm leuchtete auch immer
Herzensfriede sonnenklar.
Sei gegrüßt im Silberschimmer,
sei gegrüßt, du Jubelpaar!

Doch heut' schweifet unser Sinnen
weiter in das Land hinaus,
wo sich baut mit stolzen Zinnen
eurer Zukunft stattlich Haus.
Sonne strahlt in hellem Glanze
um das Haupt euch wunderbar :
Sei gegrüßt im Silberkranze,
sei gegrüßt, du teures Paar!

Liebe war es, die vor Zeiten
euer Herz zusammenband.
Liebe hielt in Glück und Leiden,
hielt in allem lange stand.
Und der Liebe starke Triebe
bringt euch auch die Zukunft dar:
Sei gegrüßt im Schmuck der Liebe,
sei gegrüßt, du liebes Paar!

Silber auch im Haar

Wo sind sie hin, die 25 Jahre?
Silbern sind euer beider Haare.
Hie und da eine Falte im Gesicht,
doch die stört euch weiter nicht.
Eure Kinder sind schon groß –
ach, wo blieben die Jahre bloß?

So manchen Sturm habt ihr überstanden,
fragt mal eure Anverwandten.
So manchen Streit habt ihr ausgefochten,
aber das hat euch noch mehr miteinander verflochten.
Gern schaut ihr auf euer Leben zurück
mit Zufriedenheit und voller Glück.

Viele Jahre noch wünschen wir euch beiden,
denn wir können euch gut leiden.
Lasst uns deshalb feiern hier und heute,
es gratuliert euch die ganze Meute.

Eine kleine Ewigkeit

mit einem Geldgeschenk

Wir alle, die hier sind in dieser Runde,
vernahmen sie gerne, die frohe Kunde,
dass heute ihr feiert als Silberpaar,
dass einst ihr geschworen vor Tag und Jahr,
zusammen zu stehen im Leid wie im Glück.
Dies liegt nun ein Vierteljahrhundert zurück.

Dazwischen liegt viel, was zu erinnern sich lohnt,
doch über allem für uns als Wichtigstes thront,
dass heute ihr seid ein so einiges Paar
wie einstmals als grünes vorm Traualtar –
wenn auch vieles von dem, was man einst versprochen,
im grauen Alltag der Ehe zerbrochen.

So gibt's in einer Gemeinschaft zu zweit -
neben dem manchmal wirklich notwendigen Streit -
auch vieles, was bindet und zusammenführt,
und dies hat man bei euch immer gespürt.
Ihr seid ein Paar, welches passt in die Welt,
weil es fest und treu zusammenhält.

Drum sind wir auch gerne zur Feier gekommen
und haben uns herzlich vorgenommen,
hier beizutragen zu 'nem gelungenen Fest,
von dem sich in Jahren noch reden lässt.
Vorab ist jedoch noch eins zu sagen:
Wir mussten uns alle tüchtig plagen,
zu finden für diesen festlichen Tag

ein Geschenk, das jeder von euch mag.
Wie schwer wir uns dabei getan,
sieht man uns Gestressten heute noch an.
Hört zu - ich sag's euch, aber ganz leise -:
Wir schenken euch beiden ein paar Mäuse.
Dann könnt ihr - wenn ihr habt die Zeit -
euch etwas aussuchen, natürlich zu zweit.

Nun soll's von uns aber genug sein für heut',
und ihr - versprecht's uns - bleibt, wie ihr seid.
Viel Glück für die Zukunft, und bleibt gesund,
dann geht's in fünf Jahren wieder rund.

Dem lieben Silberpaar

Zwar zählt ihr lange noch nicht zu den Alten,
doch sollt ihr heute Rückschau halten.
Euer Leben war nicht immer leicht,
und dennoch habt ihr viel erreicht.

Ihr zeigt uns, dass der Liebe Kraft,
wenn es drauf ankommt, Großes schafft.
Drum wird heut' alles überschaut,
was ihr angeschafft und aufgebaut.

Seid stolz! Ihr könnt's mit Fug und Recht.
Was ihr erreicht, ist wahrlich nicht schlecht.
Was ihr in guter Zweisamkeit
vollbracht, das würdigen wir heut'.

mit Scherzgeschenken

Silber, Silber, Silber für das Silberpaar

Ihr beiden Lieben, ihr lächelt gerade so nett,
Tablett aus der Küche
darum komme ich jetzt mal mit einem Silber-Tablett,

und weil mir das Schenken so Freude macht,
Schokoladentafel
hab' ich euch Tafel-Silber mitgebracht.

Ich hab' noch mehr Silber, das ist kein Witz,
Kugelschreibermine
denn ich hab' eine ganze Silber-Mine in Besitz!

Und damit ihr nicht hungert heute Nacht,
Silberzwiebeln
hab' ich euch Silber-Zwiebeln mitgebracht.

Für Verliebte leuchtet am Himmel der Silber-Mond,
Mondfigur aus Styropor, Silberbronze
nun hat er die längste Zeit da oben gewohnt.

Und jetzt schenk' ich euch mit großartiger Pose –
Spiegeldose
eine süße kleine silberne Hose – Quatsch: Dose!

Ach, hier ist noch eine, nicht ganz so toll,
aber dafür ist sie bis oben hin voll. *Dosenmilch ohne Hülle*

Du sagst, sie glänzt nicht silbern genug?
Dann benutz doch dieses Silberputztuch! *Putztuch*

Euer Computer braucht den richtigen Dreh –
darum schenke ich euch eine Silber-CD. *Werbe-CD*

Aber dieses leg' ich nur zögernd auf den Tisch:
Gestern fing ich für euch einen Silber-Fisch! *Brosche, Modeschmuck*

Euer Lächeln, das wird immer netter.
Darum schenk ich euch noch Silber-Lametta! *Lametta*

So viele Geschenke, ist das nicht schick?
So langsam kriegt ihr schon einen Silberblick!

Es funkelt und glänzt so schön in eurer Näh',
das sieht ja aus wie der Schatz aus dem Silbersee! *Buch von Karl May*

Mit all diesen Sachen könnt ihr euer Leben gestalten. *Tablett*
Nur das Tablett nicht, das muss ich behalten! *wegnehmen*

50 Jahre Glück und Freude

Wenn die Hochzeitsglocke läutet,
hör' ich immer gerne zu,
denn ich weiß, ihr Klang bedeutet:
Heut' ist »Lebensrendezvous« ...

Grüne Hochzeit feiern viele,
silberne gibt's auch im Land,
doch zum fünfzigjährigen Ziele
sind die wenigsten im Stand'.

Fünfzig Jahre Eheleben,
fest vereint in Glück und Leid,
immer nur das Beste geben –
ist schon keine Kleinigkeit.

Was ihr beide nun vollendet,
liebes Jubelehepaar,
hat der Herrgott euch gespendet
als sein Treue-Honorar.

Gab es auch manch' schwere Stunde,
blies der Sturm um euer Haus,
mit euch ist das Glück im Bunde,
jedenfalls sieht es so aus.

Für die kommenden Gezeiten
sei beschert euch Gutes nur.
Glück soll weiter euch begleiten,
bis zur letzten Inventur.

Habt noch viele schöne Stunden,
auch noch manchen Höhenflug,
bleibt so lang in Lieb' verbunden,
bis Gott sagt: »Jetzt ist's genug.«

Für das goldene Paar

Hiermit wird belegt,
was heute unser Herz bewegt:
Heut' ist ein Tag so wunderschön,
da wir ein Paar in Gold heut' sehn.

Heut' wird mal kurze Rast gemacht,
heut' wird Vergangenes überdacht,
heut' wird mal alles überschaut,
was ihr geschafft und aufgebaut.

So viel gelang in eurem Leben,
drum könnt ihr euch zufrieden geben.
Denn eine Leistung ist es gewiss,
wenn man so lang beisammen ist!

Heut' wisst ihr es: Die Harmonie
funktioniert nicht nur in Theorie.
Ihr wisst, wenn Freude und Glück auch rar,
ist man trotzdem stets füreinander da.

Heut wisst ihr: Mit Liebe, Treue und Kraft
man diese lange Zeit auch schafft.
Und heut' ist es für jeden gut zu sehen.
So wie ihr sollt' ein Paar stets zusammenstehen.

Langsam kommt ihr in die Jahre

Langsam kommt ihr in die Jahre,
aber freut euch ruhig darauf.
Habt ihr erst mal weiße Haare,
dann hört auch die Hetze auf.

Still schaut ihr zurück auf's Leben,
das so scheußlich schwer oft war.
Aber bei der Rückschau eben
wird euch endlich dieses klar:

Freude, Glück und frohe Stunden,
die das Leben manchmal bot,
hättet niemals ihr empfunden
ohne Leid und ohne Not.

Alles was ihr einst erlitten,
hat nun plötzlich einen Sinn.
Kommt das Alter angeschritten,
nehmt ihr alles lächelnd hin,

was euch früher dazu brachte,
ganz verzweifelt oft zu sein.
Werdet alt in diesem Sinne,
denn dann ist Alter Sonnenschein.

Ja, langsam kommt ihr in die Jahre!
Vieles kam und vieles ging.
Euch ist manches widerfahren,
Lohn und Dank war'n oft gering.

Gute Taten in dem Leben,
wenn ihr andern brachtet Glück,
werden euch zurückgegeben,
ihr werdet's sehen – Stück für Stück.

Ein paar Nachbarn, ein paar Freunde,
ihr seid niemals ganz allein.
Mit Verständnis für den andren,
dann ist Alter Sonnenschein.

Auch der Herbst hat schöne Tage.
Er kann froh und heiter sein.
Drum hört zu, was ich euch sage:
Wer trinkt schon gerne den jungen Wein?